PSICOLOGIA POSITIVA

Esplora la pace mentale con Esercizi Pratici e Strumenti di Intelligenza Emotiva per una Vita Ricca di Amore per Sé e Gioia

Di Isabella Ferrante

SOMMARIO

CAPITOLO 1
INTRODUZIONE ALLA PSICOLOGIA POSITIVA

La Psicologia Positiva rappresenta un ramo entusiasmante e innovativo della psicologia che si concentra su ciò che rende la vita più ricca e soddisfacente. A differenza di altri approcci che possono concentrarsi su sfide e ostacoli, la Psicologia Positiva esplora le vie attraverso le quali gli individui possono prosperare, enfatizzando le potenzialità, le virtù e gli aspetti positivi dell'esistenza umana.

Questo campo di studio si interroga su come possiamo coltivare una vita piena di significato, gioia e realizzazione, indipendentemente dalle circostanze esterne. Si basa sulla convinzione che tutti hanno la capacità di vivere una vita pienamente realizzata, enfatizzando l'importanza di nutrire qualità come la resilienza, l'ottimismo, e la gratitudine.

La Psicologia Positiva è emersa come risposta alla necessità di un approccio più bilanciato alla comprensione della vita umana. Anziché focalizzarsi esclusivamente su ciò che può andare storto, si dedica allo studio di ciò che può andare bene, offrendo una prospettiva rinfrescante e incoraggiante su come affrontare la vita.

Il fondamento di questo approccio risiede nella ricerca empirica e scientifica, che cerca di identificare e promuovere pratiche che le persone possono adottare per migliorare la propria qualità di vita. Questo include lo sviluppo di strategie che aiutano a costruire relazioni positive, aumentare la sensazione di appartenenza e contribuire a un senso di scopo e direzione.

Attraverso l'applicazione dei principi della Psicologia Positiva, individui di ogni età possono scoprire modi per migliorare la propria esperienza quotidiana, aumentare la propria felicità e nutrire un senso di realizzazione personale. Questo approccio offre strumenti pratici e accessibili che possono essere integrati nella routine quotidiana, aiutando le persone a concentrarsi sulle proprie forze e a sfruttare il proprio potenziale per vivere una vita più appagante.

Uno degli aspetti più potenti della Psicologia Positiva è il suo focus sulle emozioni positive. Piuttosto che concentrarsi su come eliminare gli stati negativi, si incentra su come possiamo coltivare e moltiplicare le esperienze positive. Questo non solo migliora il nostro benessere generale ma può anche aiutarci a navigare attraverso le sfide con maggiore facilità e resilienza.

Inoltre, la Psicologia Positiva pone una grande enfasi sul valore delle relazioni umane e sul ruolo che giocano nel nostro benessere. Le interazioni positive con gli altri sono viste come fondamentali per la nostra felicità e ci incoraggiano a costruire e mantenere legami significativi con coloro che ci circondano.

La Psicologia Positiva non è soltanto teoria; è profondamente radicata in applicazioni pratiche che hanno mostrato di avere un impatto reale sul benessere delle persone. Dall'integrazione di pratiche di gratitudine nella nostra vita quotidiana, all'adozione di un atteggiamento più ottimista verso il futuro, gli strumenti offerti da questo campo sono vari e accessibili a tutti.

I pilastri della Psicologia Positiva

La Psicologia Positiva si fonda su *cinque pilastri* essenziali che insieme rappresentano il cuore di questo approccio rivoluzionario alla comprensione del benessere e della felicità. Questi pilastri, noti anche come le cinque vie per il benessere (o PERMA, dall'inglese Positive Emotion, Engagement,

Relationships, Meaning, and Accomplishment), offrono una struttura attraverso la quale possiamo non solo perseguire una vita di significato e soddisfazione ma anche navigare il mondo con una maggiore resilienza e gioia.

Emozioni Positive: il primo pilastro riguarda la capacità di sperimentare emozioni positive come gioia, gratitudine, speranza, e amore. Le emozioni positive non solo arricchiscono le nostre esperienze quotidiane ma contribuiscono anche a costruire la nostra resilienza di fronte alle sfide. Inoltre, abbracciare queste emozioni può influenzare positivamente la nostra salute fisica e mentale, migliorando la qualità della nostra vita in modo significativo.

Impegno: questo pilastro enfatizza l'importanza di immergersi completamente nelle attività che troviamo significative e stimolanti. Quando siamo veramente coinvolti in un compito o in un'attività, sperimentiamo uno stato di flusso, un momento in cui il tempo sembra fermarsi e la nostra attenzione è completamente assorbita da ciò che stiamo facendo. Questo impegno profondo non solo aumenta la nostra esperienza di gioia ma contribuisce anche alla nostra crescita personale e professionale.

<u>*Relazioni:*</u> le relazioni positive sono un aspetto fondamentale del nostro benessere. Essere connessi con gli altri e avere relazioni significative contribuisce alla nostra sensazione di appartenenza e supporto. La Psicologia Positiva sottolinea l'importanza di coltivare legami forti e autentici, riconoscendo che le relazioni positive sono una fonte chiave di felicità e soddisfazione nella vita.

<u>*Senso:*</u> trovare un senso e uno scopo nella vita va oltre la mera felicità momentanea. Si tratta di contribuire a qualcosa di più grande di noi stessi, che sia il benessere della nostra famiglia, il successo della nostra comunità, o il progresso di una causa a cui teniamo. Avere uno scopo ci motiva e ci guida, fornendoci una direzione e un senso di realizzazione che è fondamentale per il nostro benessere complessivo.

<u>*Realizzazione:*</u> il quinto pilastro si concentra sulla realizzazione e sul raggiungimento degli obiettivi. La Psicologia Positiva incoraggia a stabilire obiettivi significativi e a lavorare per realizzarli, promuovendo un senso di realizzazione. Raggiungere questi obiettivi non solo ci fornisce un senso di soddisfazione ma rafforza anche la nostra fiducia e la nostra autostima, spingendoci verso ulteriori traguardi.

La comprensione e l'integrazione di questi cinque pilastri nella nostra vita quotidiana possono trasformare profondamente il nostro approccio alla vita, consentendoci di vivere con una maggiore pienezza e significato. Ogni pilastro rappresenta una componente chiave del benessere e insieme formano un quadro olistico che abbraccia tutti gli aspetti della vita umana.

Mentre esploriamo ulteriormente il ruolo dell'intelligenza emotiva nella Psicologia Positiva, vedremo come la capacità di comprendere e gestire le nostre emozioni e quelle degli altri gioca un ruolo cruciale nel potenziare questi pilastri.

Il ruolo dell'intelligenza emotiva nella Psicologia Positiva

L'intelligenza emotiva, un concetto che ha guadagnato notevole rilevanza negli studi sulla psicologia e sul comportamento umano, svolge un ruolo fondamentale all'interno della Psicologia Positiva. Essa si riferisce alla capacità di riconoscere, comprendere, gestire e utilizzare efficacemente le proprie emozioni e quelle degli altri. Nella Psicologia Positiva, l'intelligenza emotiva non è solo vista come un fattore che contribuisce al benessere individuale, ma anche come un ponte che collega i vari pilastri della felicità e del benessere personale.

Il primo passo per sviluppare l'intelligenza emotiva è la *capacità di riconoscere e comprendere le proprie emozioni* e quelle altrui. Questa consapevolezza emotiva fornisce le basi per una vita ricca di emozioni positive, uno dei pilastri fondamentali della Psicologia Positiva. Attraverso una migliore comprensione delle nostre reazioni emotive, possiamo iniziare a coltivare più frequentemente stati d'animo positivi, come la gioia e la gratitudine, migliorando così la nostra qualità di vita.

La capacità di *gestire le proprie emozioni*, specialmente in situazioni di stress o conflitto, è un aspetto chiave dell'intelligenza emotiva. Nella pratica della Psicologia Positiva, imparare a navigare attraverso le emozioni difficili con grazia e resilienza può migliorare notevolmente il nostro benessere. Questo non solo ci aiuta a mantenere un atteggiamento positivo di fronte alle sfide ma promuove anche un senso di controllo e autostima, elementi cruciali per il raggiungimento della realizzazione personale.

L'*empatia*, o la capacità di comprendere e condividere i sentimenti altrui, è un altro aspetto fondamentale dell'intelligenza emotiva che rafforza il pilastro delle relazioni positive nella Psicologia Positiva. Avere relazioni significative e supportive è essenziale per il nostro benessere. L'intelligenza emotiva ci permette di costruire e mantenere legami forti, migliorando la nostra capacità di comunicare, mostrare empatia e offrire supporto agli altri, arricchendo così la nostra esperienza di vita.

L'intelligenza emotiva contribuisce anche alla nostra *capacità di perseguire obiettivi significativi e di realizzare il nostro potenziale.* Comprendendo e gestendo le nostre emozioni, possiamo rimanere motivati e superare gli ostacoli, perseguendo con determinazione la realizzazione personale. Questo aspetto dell'intelligenza emotiva si lega strettamente al pilastro del raggiungimento nella Psicologia Positiva, enfatizzando l'importanza di stabilire e lavorare verso obiettivi che conferiscono significato e direzione alla nostra vita.

L'integrazione dell'intelligenza emotiva nella nostra vita quotidiana apre la porta a un'esistenza più ricca e soddisfacente, consentendoci di sfruttare appieno i benefici della Psicologia Positiva. Attraverso la coltivazione delle nostre capacità emotive, possiamo non solo migliorare la nostra esperienza personale ma anche influenzare positivamente la vita di coloro che ci circondano.

Man mano che proseguiamo nel nostro viaggio attraverso i principi della Psicologia Positiva diventa evidente come l'intelligenza emotiva si intrecci profondamente con l'obiettivo di migliorare la qualità della nostra vita.

Come la Psicologia Positiva può migliorare la tua vita e agli altri

La Psicologia Positiva, con il suo approccio focalizzato sulle potenzialità, le virtù e il benessere, offre una prospettiva rinnovata su come vivere una vita pienamente realizzata. Questo campo non solo illumina le vie attraverso le quali possiamo migliorare la nostra vita ma si estende anche a influenzare positivamente le vite degli altri. Attraverso l'adozione dei suoi principi, possiamo non solo elevare la nostra esperienza personale ma anche contribuire al benessere collettivo.

Uno dei modi più diretti in cui la Psicologia Positiva può arricchire la nostra vita è attraverso l'incremento del nostro benessere personale. Concentrandosi su emozioni positive, coinvolgimento, relazioni, significato e realizzazione, questo approccio ci incoraggia a riconoscere e coltivare i fattori che contribuiscono alla nostra felicità e soddisfazione. Attraverso pratiche come la gratitudine, la mindfulness e l'impegno nelle nostre passioni, possiamo migliorare la nostra qualità di vita quotidiana, aumentando la gioia, riducendo lo stress e promuovendo una visione più ottimistica del nostro futuro.

La Psicologia Positiva sottolinea l'importanza delle relazioni positive come fondamenta del benessere. Applicando i suoi insegnamenti, possiamo sviluppare competenze comunicative più efficaci, empatia e comprensione, che ci permettono di costruire e mantenere legami profondi con gli altri. Questo non solo arricchisce la nostra vita sociale ma crea anche un ambiente supportivo in cui le persone possono prosperare insieme, condividendo esperienze positive e offrendo sostegno reciproco nei momenti di necessità.

Attraverso l'esplorazione del significato e dello scopo, la Psicologia Positiva ci aiuta a identificare e perseguire gli obiettivi che danno valore alla nostra vita. Questo senso di direzione non solo aumenta il nostro impegno e la nostra motivazione ma ci permette anche di dare un impatto positivo sul mondo che ci circonda. Che si tratti di contribuire alla nostra comunità, promuovere una causa in cui crediamo profondamente o influenzare positivamente la vita di coloro che ci sono vicini, la Psicologia Positiva ci offre la chiave per vivere una vita di significato e contributo.

Come discusso in precedenza, l'intelligenza emotiva gioca un ruolo cruciale nella Psicologia Positiva, permettendoci di gestire meglio le nostre emozioni e quelle degli altri. Migliorando la nostra capacità di comprendere e rispondere efficacemente alle situazioni emotive, possiamo navigare le sfide della vita con maggiore facilità e contribuire a creare ambienti più armoniosi e compassionevoli, sia in casa che sul lavoro.

Infine, applicando i principi della Psicologia Positiva, possiamo estendere i suoi benefici oltre noi stessi, contribuendo al benessere della nostra comunità e del mondo intero. Che si tratti di partecipare a iniziative di volontariato, promuovere pratiche di benessere sul posto di lavoro o semplicemente praticare gentilezza e comprensione nelle nostre interazioni quotidiane, ogni azione positiva che intraprendiamo può avere un effetto a catena, ispirando gli altri a fare lo stesso.

Strategie per applicare la Psicologia Positiva nella vita quotidiana

L'applicazione della Psicologia Positiva nella vita quotidiana offre una serie di strategie pratiche e accessibili che possono trasformare significativamente il nostro benessere generale. Queste strategie, basate sui pilastri fondamentali della

Psicologia Positiva, ci permettono di coltivare una vita più ricca di gioia, soddisfazione e significato. Esploriamo alcune di queste tecniche fondamentali che possono essere integrate facilmente nella nostra routine quotidiana.

Uno degli approcci più immediati per incorporare la Psicologia Positiva nella nostra vita è quello di cercare attivamente e coltivare emozioni positive. Questo può essere fatto attraverso pratiche semplici come esprimere gratitudine quotidianamente, dedicare tempo a momenti di gioia e piacere, o impegnarsi in attività che sappiamo ci faranno sentire bene. Anche il semplice atto di sorridere può innescare una reazione positiva, migliorando il nostro umore e quello delle persone intorno a noi.

L'immersione in attività che ci impegnano completamente, note come esperienze di "flusso", è un altro modo potente per applicare la Psicologia Positiva nella nostra vita. Questo può avvenire attraverso hobby, lavoro o studio, quando ci troviamo così assorbiti da un'attività da perdere la nozione del tempo. Identifica le attività che ti portano in questo stato e cerca di integrarle regolarmente nella tua routine.

Data l'importanza delle connessioni sociali per il nostro

benessere, dedicare tempo e sforzi per costruire e mantenere relazioni positive è cruciale. Questo può significare trascorrere tempo di qualità con amici e familiari, coltivare nuove amicizie o anche partecipare a gruppi comunitari o eventi sociali che riflettono i tuoi interessi e valori.

Riflettere su ciò che dà significato alla tua vita e su come i tuoi sforzi contribuiscono al benessere degli altri può offrire una profonda sensazione di soddisfazione e realizzazione. Che si tratti di dedicarsi a una causa, perseguire una passione o impegnarsi in attività di volontariato, trovare modi per contribuire al mondo intorno a te può elevare il tuo senso di scopo e appartenenza.

Stabilire obiettivi personali che siano allineati con i tuoi valori e aspirazioni è un altro modo efficace per applicare la Psicologia Positiva. Gli obiettivi dovrebbero essere sfidanti ma realistici, con passi concreti e misurabili verso il raggiungimento. Celebrare i piccoli successi lungo il cammino non solo rafforza la motivazione ma aumenta anche la sensazione di realizzazione personale.

L'attenzione consapevole del momento presente, o mindfulness, può aiutare a ridurre lo stress e promuovere emozioni positive. Dedicare tempo alla meditazione, alla respirazione consapevole o semplicemente essere presenti durante le attività quotidiane può migliorare significativamente la qualità della nostra vita mentale ed emotiva.

Mentre integriamo queste strategie nella nostra vita, è importante ricordare che la pratica costante e la pazienza sono fondamentali. La trasformazione del nostro benessere attraverso la Psicologia Positiva è un viaggio, non una destinazione. Ogni piccolo passo che facciamo oggi può contribuire a un cambiamento significativo nel lungo termine.

CAPITOLO 2
AFFRONTARE E SUPERARE LE PAURE

La comprensione della natura delle paure è fondamentale per affrontare efficacemente e superare gli ostacoli che possono ostacolare il nostro benessere e la nostra crescita personale. Le paure, sebbene spesso percepite come negative o limitanti, sono in realtà risposte emotive naturali che hanno giocato ruoli cruciali nella sopravvivenza umana lungo l'evoluzione. Riconoscere e accettare la paura come parte integrante dell'esperienza umana è il primo passo per imparare a gestirla in modo costruttivo.

Origini e Funzioni della Paura: La paura nasce come meccanismo di difesa, progettato per attivare il sistema di "lotta o fuga" di fronte a minacce reali o percepite. Questa reazione istintiva ci prepara a rispondere rapidamente in situazioni pericolose, aumentando la nostra possibilità di sopravvivenza. Tuttavia, nella società moderna, molte delle nostre paure non derivano da minacce fisiche immediate, ma piuttosto da preoccupazioni psicologiche e ambientali.

Comprendere i vari tipi di paure ci aiuta a identificarle più facilmente nella nostra vita quotidiana. Queste possono includere paure specifiche, come la paura di altezze o animali, e paure esistenziali, come quelle riguardanti il significato della vita o la paura dell'ignoto.

Il processo di riconoscimento delle proprie paure richiede onestà e introspezione. Attraverso la riflessione personale e, se necessario, il dialogo con un professionista, possiamo iniziare a svelare le radici delle nostre paure. Questo riconoscimento ci fornisce la chiarezza necessaria per affrontarle in modo proattivo, piuttosto che permettere che ci limitino inconsciamente.

Le paure non affrontate possono avere un impatto significativo sulla nostra vita, influenzando le decisioni, le relazioni e persino la nostra salute fisica e mentale. Possono portarci ad evitare situazioni che percepiamo come minacciose, ma che potrebbero offrire opportunità di crescita e apprendimento. Inoltre, le paure possono limitare la nostra capacità di vivere pienamente il presente, impedendoci di sperimentare gioia e gratitudine.

Mentre esploriamo la natura delle nostre paure, possiamo iniziare a vederle non solo come ostacoli da superare, ma come opportunità per la crescita personale. Ogni paura che affrontiamo e superiamo ci rende più forti e resilienti, ampliando i nostri orizzonti e aumentando la nostra capacità di affrontare nuove sfide.

Strategie per affrontare le paure

Affrontare le paure richiede coraggio e determinazione, ma anche strategie pratiche e accessibili che possano essere integrate nella vita quotidiana. La Psicologia Positiva, con il suo approccio incentrato sulle potenzialità umane, offre preziosi strumenti per gestire e superare le paure, promuovendo un percorso di crescita personale e di miglioramento del benessere. Esploriamo alcune di queste strategie efficaci.

Il primo passo per affrontare le paure è riconoscerle. Questo significa identificare specificamente ciò che temiamo e accettare queste paure come parte della nostra esperienza umana, senza giudizio. L'accettazione non implica rassegnazione, ma piuttosto riconoscere la paura come un segnale, un'opportunità per l'autoesplorazione e di crescita.

Una strategia efficace per superare le paure è l'esposizione graduale. Questo approccio implica affrontare la fonte della paura in dosi gestibili, iniziando da situazioni meno intimidatorie e progredendo gradualmente verso quelle più sfidanti. L'esposizione graduale aiuta a costruire la fiducia in sé stessi.

La ristrutturazione cognitiva è una tecnica che ci permette di cambiare il modo in cui interpretiamo e reagiamo alle situazioni temute. Ciò comporta sfidare e sostituire i pensieri automatici negativi o catastrofici con altri più equilibrati e realistici. Questo processo aiuta a ridimensionare la paura e a vederla in una luce più gestibile.

Praticare la mindfulness e tecniche di rilassamento come la respirazione profonda, la meditazione o lo yoga può aiutare a calmare la mente e ridurre lo stress fisico ed emotivo associato alle paure. Queste pratiche promuovono la presenza mentale e un atteggiamento di non giudizio, aiutandoci a distaccarci dai pensieri negativi e a concentrarci sul momento presente.

Avere una rete di supporto solida è fondamentale quando si affrontano le paure. Condividere le proprie esperienze e paure con amici fidati, familiari o professionisti può offrire conforto, comprensione e consigli pratici. Sentirsi supportati può aumentare la nostra resilienza e fornirci la forza necessaria per affrontare le sfide.

Stabilire obiettivi piccoli e realistici può aiutare a creare un senso di progresso e realizzazione. Ogni piccolo successo nell'affrontare le nostre paure rafforza la nostra fiducia e ci motiva a continuare il nostro percorso. Celebrare questi successi, per quanto piccoli, è fondamentale per mantenere un atteggiamento positivo e proattivo.

Infine, tenere un diario delle proprie esperienze e riflessioni può essere uno strumento potente per elaborare e comprendere meglio le proprie paure. Scrivere i propri pensieri, sentimenti e i progressi fatti può offrire nuove prospettive e rafforzare la consapevolezza di sé.

Man mano che integriamo queste strategie nella nostra vita, diventiamo più forti per gestire le paure in modo costruttivo, aprendoci a nuove esperienze e opportunità di crescita.

Esercizi pratici per vincere le paure

Per affrontare e superare le paure, è fondamentale dotarsi di strumenti pratici che possano essere applicati nella vita di tutti i giorni. Questi esercizi non solo ci aiutano a gestire le nostre reazioni emotive ma ci insegnano anche a riconfigurare il nostro approccio alle situazioni temute, trasformando le paure in opportunità di crescita e auto-miglioramento. Vediamo alcuni esercizi pratici efficaci.

Prima di affrontare una situazione che temiamo, possiamo utilizzare la tecnica della visualizzazione positiva. Chiudendo gli occhi, immaginiamo di vivere l'esperienza con successo e fiducia. Concentriamoci sui dettagli sensoriali: cosa vediamo, sentiamo, odoriamo?

In aggiunta all'esposizione graduale nella realtà, possiamo praticare l'esposizione virtuale attraverso la nostra immaginazione. In un ambiente sicuro, immaginiamo di esporci step by step alla fonte della nostra paura, aumentando gradualmente l'intensità dell'esposizione. Questo esercizio mentale può diminuire la nostra sensibilità alla paura.

Tenere un diario specifico per le paure può essere illuminante. Annotiamo le situazioni che ci spaventano, le nostre reazioni e i pensieri associati. Questa pratica non solo aumenta la nostra consapevolezza ma ci permette anche di identificare modelli e pensieri irrazionali che potremmo sfidare e riformulare.

La respirazione profonda è uno strumento potente per calmare la mente e il corpo. Praticare esercizi di respirazione profonda può aiutarci a centrarci e a ridurre la tensione fisica. Concentriamoci sul respiro, inspirando lentamente per il naso, trattenendo per qualche secondo, e espirando lentamente per la bocca.

Praticare la mindfulness ci insegna a rimanere ancorati al momento presente, aiutandoci a crescere la mente. Dedicare del tempo ogni giorno alla meditazione mindfulness può migliorare significativamente la nostra capacità di gestire ogni cosa, portandoci a una maggiore serenità interiore.

Un gioco di ruolo con un amico di fiducia o un terapeuta può offrire uno spazio sicuro per esplorare e affrontare le nostre paure. Questa tecnica permette di simulare situazioni temute in un ambiente controllato, fornendo l'opportunità di praticare strategie di coping e ricevere feedback costruttivi.

Man mano che mettiamo in pratica questi esercizi è cruciale procedere con gentilezza e pazienza verso noi stessi. Affrontare le paure è un processo che richiede tempo e dedizione.

L'importanza dell'autoconsapevolezza nelle situazioni di paura

L'autoconsapevolezza, ovvero la capacità di riconoscere e comprendere i propri stati interni, emozioni, pensieri e reazioni, gioca un ruolo cruciale nel modo in cui affrontiamo e gestiamo le situazioni di paura. Essere profondamente consapevoli di come reagiamo alle paure può non solo aiutarci a navigare attraverso queste esperienze con maggiore facilità ma anche a intraprendere azioni più consapevoli per superarle. Vediamo come l'autoconsapevolezza si rivela essenziale in contesti di paura e come può prepararci a costruire coraggio e resilienza.

Il primo passo verso l'autoconsapevolezza nelle situazioni di paura è riconoscere come il nostro corpo e la nostra mente reagiscono. Ogni persona può sperimentare reazioni diverse. Identificare queste reazioni non solo ci aiuta a comprendere meglio le nostre paure ma fornisce anche indizi su come possiamo calmarci e riacquistare il controllo.

L'autoconsapevolezza ci permette di scavare più a fondo e di esplorare le origini delle nostre paure. Spesso, le paure sono radicate in esperienze passate, convinzioni limitanti o messaggi che abbiamo interiorizzato. Riflettere sulle cause profonde delle nostre paure può rivelare percorsi per affrontarle e superarle, permettendoci di sfidare e riformulare le convinzioni che non ci servono più.

Inoltre, imparare a distinguersi dai propri pensieri automatici e reattivi è un aspetto fondamentale dell'autoconsapevolezza. Nelle situazioni di paura, è facile essere sopraffatti da pensieri catastrofici o negativi. Tuttavia, con la pratica della mindfulness, possiamo osservare questi pensieri senza identificarci con essi, riducendo il loro impatto sul nostro stato emotivo e comportamentale.

La profonda conoscenza di sé che deriva dall'autoconsapevolezza ci consente di sviluppare strategie di coping su misura. Riconoscendo cosa funziona meglio per noi in termini di gestione della paura e dello stress, possiamo creare un "kit di sopravvivenza" personale che può includere tecniche di respirazione, visualizzazione, affermazioni positive o qualsiasi altra pratica che troviamo utile.

L'autoconsapevolezza ci incoraggia anche a riflettere sulle nostre esperienze passate di superamento delle paure. Questo esercizio di riflessione può rafforzare la nostra fiducia nelle capacità di affrontare future sfide, ricordandoci che abbiamo già superato ostacoli simili in passato.

Costruire coraggio e resilienza

Costruire coraggio e resilienza non è un processo che avviene dall'oggi al domani, ma piuttosto un percorso di crescita continua che ci permette di affrontare sfide e superare avversità con forza e determinazione. Il coraggio non significa l'assenza di paura, ma la capacità di agire nonostante essa. La resilienza, d'altra parte, è la capacità di riprendersi rapidamente dalle difficoltà, imparando e crescendo a partire da queste esperienze.

La costruzione del coraggio inizia con l'identificazione delle proprie paure. Questo richiede onestà e vulnerabilità. Una volta riconosciute, possiamo iniziare a sfidarle attraverso piccoli atti di coraggio. Ogni volta che affrontiamo ciò che temiamo, il nostro senso di autoefficacia cresce, rafforzando la nostra capacità di affrontare sfide maggiori.

La resilienza, invece, è alimentata da una mentalità di crescita, la convinzione che le nostre capacità possono essere sviluppate attraverso dedizione e impegno. Vedere le sfide come opportunità per imparare e crescere ci permette di mantenere una prospettiva positiva anche di fronte alle difficoltà. Questo approccio ci incoraggia a persistere quando incontriamo ostacoli, vedendoli come parte integrante del nostro percorso di sviluppo.

La gratitudine gioca un ruolo fondamentale nel costruire resilienza. Concentrandosi sugli aspetti positivi della nostra vita e apprezzando ciò che abbiamo, possiamo migliorare il nostro benessere emotivo e ridurre lo stress. Tenere un diario della gratitudine o semplicemente riflettere su momenti o persone per cui siamo grati può aumentare significativamente la nostra resilienza interiore.

Le relazioni positive sono una fonte cruciale di forza e supporto. Circondarsi di persone che credono in noi e ci offrono incoraggiamento può fare una grande differenza nel nostro viaggio verso la costruzione di coraggio e resilienza. Queste relazioni ci offrono conforto e consiglio, ricordandoci che non dobbiamo affrontare le sfide da soli.

La cura di sé è fondamentale per mantenere la nostra forza interiore. Questo include nutrire il nostro corpo con cibo sano, fare esercizio regolare, dormire a sufficienza e trovare tempo per attività che ci rilassano e ci ricaricano. Prendersi cura di sé ci permette di essere al meglio delle nostre capacità fisiche ed emotive, rendendoci più resilienti di fronte alle sfide.

Infine, costruire resilienza richiede di riflettere sulle sfide passate e sui modi in cui siamo riusciti a superarle. Questa riflessione può rivelare pattern di pensiero e azione che possiamo applicare a future situazioni difficili, insegnandoci che abbiamo le risorse per superare gli ostacoli e crescere attraverso di essi.

CAPITOLO 3
GESTIONE DELL'INCERTEZZA

L'incertezza è una componente intrinseca della vita umana. Riconoscerla non significa semplicemente accettare che il futuro è imprevedibile, ma abbracciare la comprensione che vivere pienamente richiede di navigare attraverso l'ambiguità e l'imprevisto con grazia e adattabilità. La nostra capacità di riconoscere e accettare l'incertezza può notevolmente influenzare il modo in cui affrontiamo le sfide, prendiamo decisioni e perseguiremo i nostri obiettivi e sogni.

L'incertezza emerge in molteplici aspetti della nostra vita, dalle piccole decisioni quotidiane ai grandi cambiamenti di vita come una carriera o trasferimenti geografici. Può essere legata a eventi globali che influenzano la società intera o situazioni personali che toccano direttamente la nostra esistenza. Riconoscere l'incertezza implica comprendere che, nonostante i nostri migliori sforzi per pianificare e preparare, ci saranno sempre elementi fuori dal nostro controllo.

Affrontare l'incertezza può suscitare una gamma di emozioni, dall'eccitazione per le potenzialità nascoste alla paura per le possibili perdite o fallimenti. La reazione a queste situazioni varia ampiamente tra gli individui, influenzata da fattori come la personalità, le esperienze passate e il contesto sociale e culturale. Tuttavia, un approccio proattivo all'incertezza può aiutarci a ridurre le incertezze che spesso accompagna l'ignoto, permettendoci di rimanere focalizzati sul presente e sulle azioni che possiamo intraprendere.

Accettare che l'incertezza è una parte naturale della vita costituisce il primo passo per gestirla efficacemente. Questo processo inizia con l'autoconsapevolezza, il riconoscimento delle nostre reazioni emotive all'incertezza e la riflessione su come queste influenzano i nostri pensieri e comportamenti. Tale consapevolezza può aiutarci a sviluppare strategie più resilienti per affrontare situazioni imprevedibili.

Un aspetto cruciale nel gestire l'incertezza è valorizzare il presente. Concentrandosi sul qui e ora, possiamo ridurre l'"overthinking" sul futuro e sui suoi possibili scenari, che spesso sono fonte di stanchezza generale. Pratiche come la mindfulness e la meditazione possono essere strumenti preziosi per coltivare questa focalizzazione, aiutandoci a rimanere ancorati al momento attuale.

Pur riconoscendo che non possiamo controllare ogni aspetto

della nostra vita, possiamo comunque prepararci in modo flessibile. Ciò significa impostare obiettivi con la consapevolezza che potrebbero richiedere adattamenti lungo il cammino e sviluppare piani B e C per situazioni importanti. Questo approccio ci permette di rimanere proattivi senza essere rigidi nelle nostre aspettative.

L'abilità di riconoscere e navigare l'incertezza non solo arricchisce la nostra esperienza di vita ma ci prepara anche a cogliere opportunità nascoste che potrebbero non essere evidenti in un primo momento. Mentre ci apriamo all'imprevedibilità della vita, impariamo a valorizzare ogni esperienza come parte del nostro percorso di crescita personale.

Strategie per abbracciare l'incertezza

Abbracciare l'incertezza non è un compito semplice, specialmente in un mondo che spesso ci spinge verso la ricerca di sicurezza e prevedibilità. Tuttavia, accettare e navigare l'incertezza può aprire le porte a nuove opportunità, stimolare la crescita personale e aumentare la nostra resilienza di fronte al cambiamento. Esploriamo alcune strategie chiave per abbracciare l'incertezza nella nostra vita.

Una delle strategie più efficaci per abbracciare l'incertezza è sviluppare una mente flessibile, capace di adattarsi a situazioni in continuo cambiamento. Questo significa essere aperti a nuove informazioni, prospettive e possibili esiti, evitando di attaccarsi rigidamente a piani o aspettative specifiche. La flessibilità mentale ci permette di rispondere con maggiore agilità alle situazioni impreviste, trasformando potenziali ostacoli in opportunità di apprendimento e crescita.

Concentrarsi sul presente, piuttosto che preoccuparsi eccessivamente del futuro, può aiutare a ridurre l'incertezza. Pratiche come la mindfulness e la meditazione possono essere strumenti preziosi per coltivare questa capacità, insegnandoci a vivere pienamente ogni momento e ad accettare le situazioni per quello che sono, senza giudizio.

Riconoscere e accettare che non possiamo controllare ogni aspetto della nostra vita è fondamentale per abbracciare l'incertezza. Questo non significa adottare un atteggiamento passivo, ma piuttosto concentrarsi sulle azioni e gli atteggiamenti che sono effettivamente sotto il nostro controllo, lasciando andare gli elementi che sfuggono alla nostra influenza.

La resilienza, la capacità di riprendersi rapidamente dalle difficoltà, è una qualità essenziale per gestire l'incertezza. Possiamo costruire resilienza affrontando consapevolmente le sfide, cercando supporto quando necessario e imparando dalle nostre esperienze. La resilienza ci permette di mantenere una prospettiva positiva anche di fronte alle incertezze e ai cambiamenti della vita.

L'incertezza può essere una fonte di opportunità e scoperte. Invece di vederla come una minaccia, possiamo approcciare l'ignoto con curiosità e apertura, esplorando nuovi interessi, imparando nuove abilità e sperimentando nuovi modi di pensare e agire. Questo atteggiamento ci permette di espandere i nostri orizzonti e di arricchire la nostra vita in modi inaspettati.

Avere una rete di supporto solida, composta da familiari, amici, colleghi o professionisti del benessere, può fornire un ancoraggio di stabilità in tempi di incertezza. Condividere preoccupazioni, speranze e sogni con persone di fiducia può alleviare lo stress e fornire nuove prospettive e soluzioni ai problemi.

Man mano che integriamo queste strategie nella nostra vita, ci prepariamo a navigare con fiducia attraverso l'incertezza, cogliendo le opportunità che essa presenta. Questo approccio proattivo non solo arricchisce la nostra esperienza di vita ma ci equipaggia anche con le competenze necessarie per affrontare le sfide future.

Esercizi per sviluppare l'accettazione

Sviluppare l'accettazione, specialmente in contesti di incertezza, richiede pratica e dedizione. L'accettazione non implica passività o rassegnazione, ma piuttosto un riconoscimento consapevole della realtà delle circostanze, accompagnato dall'impegno attivo a vivere in modo pieno e significativo, nonostante l'incertezza. Di seguito, alcuni esercizi pratici che possono aiutare a coltivare l'accettazione:

1. *Meditazione sull'Accettazione:* la meditazione può essere un potente strumento per sviluppare l'accettazione. Dedica del tempo ogni giorno a sederti tranquillamente, concentrandoti sul respiro e osservando i tuoi pensieri e sentimenti senza giudizio. Quando noti pensieri o emozioni legati all'incertezza, riconoscili e poi immagina di lasciarli andare con ogni espirazione. Questa pratica può aiutarti a coltivare un atteggiamento di accettazione verso ciò che non puoi controllare.

2. Giornalismo Riflessivo: scrivere regolarmente in un diario può offrire preziose intuizioni sui tuoi modelli di pensiero e su come reagisci all'incertezza. Dedica un momento ogni giorno per riflettere sulla tua esperienza dell'incertezza, su come ti fa sentire e su come rispondi a queste emozioni. L'atto di scrivere può aiutarti a elaborare e accettare i tuoi sentimenti, fornendo una nuova prospettiva.

3. *Esercizi di Mindfulness:* la mindfulness, o l'attenzione consapevole del momento presente, è fondamentale per l'accettazione. Pratica la mindfulness quotidianamente, impegnandoti in attività come mangiare, camminare o ascoltare musica con piena attenzione. Questi esercizi possono aiutarti a rimanere ancorato al presente, riducendo la preoccupazione per il futuro e facilitando l'accettazione dell'incertezza.

4. *Riconoscimento e Sfida dei Pensieri Limitanti:* identifica i pensieri limitanti o negativi che emergono in risposta all'incertezza e sfidali attivamente. Chiediti: "Questo pensiero è basato su fatti concreti? Esiste un'altra spiegazione o modo di vedere la situazione?" Sostituire i pensieri limitanti con affermazioni più positive e realistiche può promuovere l'accettazione.

5. _Definizione dei Valori Personali:_ avere chiarezza sui tuoi valori personali può guidarti nelle decisioni e nelle azioni, anche in mezzo all'incertezza. Dedica del tempo a riflettere sui valori che sono più importanti per te e su come puoi viverli quotidianamente. Questo esercizio può aiutarti a rimanere concentrato su ciò che conta davvero, facilitando l'accettazione dell'incertezza come parte del percorso.

6. _Pratica della Gratitudine:_ concentrarsi su ciò per cui siamo grati può contrastare i sentimenti di incertezza e paura. Ogni giorno, annota tre cose per cui sei grato. Questo esercizio semplice ma potente può cambiare la tua focalizzazione dall'incertezza ai momenti positivi della tua vita, promuovendo l'accettazione e il benessere.

Incorporando questi esercizi nella tua routine, puoi sviluppare una maggiore accettazione dell'incertezza, vedendola non come una minaccia, ma come una componente naturale dell'esistenza.

Incrementare la tolleranza all'incertezza

Incrementare la tolleranza all'incertezza è una competenza cruciale nel mondo di oggi, dove il cambiamento è l'unica costante. Imparare a tollerare, e persino accogliere, l'incertezza può trasformare il modo in cui viviamo, lavoriamo e interagiamo con gli altri. Questa abilità ci permette di navigare attraverso le sfide della vita con maggiore serenità e fiducia, riducendo lo stress e promuovendo il benessere psicologico.

Spesso, l'incertezza deriva dalla paura dell'ignoto. Prenditi un momento per riflettere sul peggior scenario possibile e su come potresti affrontarlo. Questo esercizio non è inteso per alimentare paure, ma per dimostrare che anche nei casi più difficili, possiamo trovare risorse e strategie per superare le sfide. Riconoscere che possiamo gestire anche il peggior esito possibile può essere d'aiuto.

La mindfulness ci insegna a vivere nel momento presente, accettando le esperienze senza giudizio. Questa pratica può essere particolarmente utile nel gestire l'incertezza, poiché ci aiuta a concentrarci su ciò che è sotto il nostro controllo. Dedicare tempo alla meditazione, alla respirazione consapevole, o semplicemente all'osservazione dei propri pensieri e sensazioni può incrementare la tolleranza all'incertezza.

La capacità di adattarsi a nuove situazioni è fondamentale per gestire l'incertezza. Cerca opportunità per uscire dalla tua zona di comfort e sperimentare con nuove attività, hobby o compiti. Queste esperienze possono non solo arricchire la tua vita ma anche rafforzare la tua capacità di adattarti alle situazioni impreviste.

Mentre è importante avere obiettivi e piani, essere troppo rigidi può aumentare la sensazione di incertezza quando le cose non vanno come previsto. Impara a stabilire obiettivi flessibili, che possano essere adattati o modificati in base alle circostanze. Questo approccio ti permetterà di rimanere focalizzato senza essere sopraffatto dall'incertezza.

Parlare delle tue preoccupazioni e paure con amici fidati, familiari o professionisti può offrire nuove prospettive e soluzioni. A volte, semplicemente condividere i tuoi pensieri può aiutarti a sentirli meno opprimenti e a trovare modi creativi per gestire l'incertezza.

Invece di temere l'ignoto, cerca di vederlo come una fonte di avventura e apprendimento. Poni domande, esplora nuove idee e rimani aperto a diverse possibilità. Coltivare una mentalità curiosa può trasformare l'incertezza da una fonte negativa a un'opportunità per la crescita.

Incorporando queste strategie nella tua vita, puoi gradualmente costruire una maggiore tolleranza all'incertezza, permettendoti di affrontare il futuro con fiducia e apertura.

Sviluppare flessibilità mentale e adattabilità

Sviluppare flessibilità mentale e adattabilità è fondamentale in un mondo caratterizzato da rapidi cambiamenti e incertezze. Queste qualità non solo ci permettono di navigare con maggiore efficacia attraverso le sfide della vita ma ci aprono anche a una gamma più ampia di esperienze e opportunità. Flessibilità mentale significa essere in grado di adattare i nostri pensieri e comportamenti in risposta a nuove informazioni, situazioni o ambienti, mentre l'adattabilità si riferisce alla nostra capacità di regolare le nostre strategie e azioni per raggiungere gli obiettivi desiderati, nonostante le circostanze avverse.

La *mentalità di crescita*, l'idea che le nostre abilità e competenze possono essere sviluppate attraverso l'impegno e la perseveranza, è il fondamento della flessibilità mentale. Questa prospettiva ci incoraggia a vedere le sfide come opportunità di apprendimento e crescita, piuttosto che come minacce. Quando falliamo o incontriamo ostacoli, invece di arrenderci o dubitare delle nostre capacità, possiamo utilizzare queste esperienze come trampolini di lancio per il miglioramento personale.

Sviluppare la capacità di *vedere le situazioni da più angolazioni* può significativamente aumentare la nostra flessibilità mentale. Questo implica l'apertura a nuove idee, l'ascolto attivo e la valutazione di diversi punti di vista prima di prendere decisioni. Impegnarsi in discussioni con persone che hanno esperienze e opinioni diverse dalle nostre può essere particolarmente arricchente, spingendoci a considerare alternative che non avevamo precedentemente contemplato.

L'*adattabilità* richiede di essere consapevoli delle nostre reazioni automatiche e di essere intenzionali nelle nostre risposte. Quando ci troviamo di fronte a cambiamenti o sfide, possiamo fare una pausa per valutare la situazione, considerare diverse strategie di risposta e scegliere quella che sembra più efficace. Questo processo consapevole ci aiuta a passare da reazioni istintive, spesso radicate in abitudini o paure, a scelte deliberate basate su obiettivi e valori.

La *tolleranza all'ambiguità*, la capacità di rimanere calmi e funzionali in situazioni incerte o poco chiare, è un aspetto chiave dell'adattabilità. Possiamo coltivare questa tolleranza esponendoci gradualmente a situazioni di incertezza in un contesto controllato, sfidando noi stessi a prendere decisioni anche quando non disponiamo di tutte le informazioni desiderate.

La *curiosità* ci spinge a esplorare, a fare domande e a sperimentare, alimentando sia la flessibilità mentale che l'adattabilità. Invece di adagiarsi sulle conoscenze esistenti o rimanere bloccati in modi di pensare obsoleti, la curiosità ci incoraggia a cercare nuove informazioni, abilità e esperienze, ampliando i nostri orizzonti e migliorando la nostra capacità di adattarci alle novità.

L'*auto-riflessione regolare* è cruciale per mantenere la flessibilità mentale e l'adattabilità. Dedicare del tempo per valutare le nostre strategie, riflettere sui risultati ottenuti e considerare eventuali aggiustamenti necessari può aiutarci a rimanere agili e reattivi di fronte al cambiamento.

Incorporando queste pratiche nella nostra vita, possiamo migliorare significativamente la nostra capacità di adattarci e prosperare in un ambiente in continua evoluzione. Questa flessibilità e adattabilità non solo ci preparano a gestire le incertezze e le sfide con maggiore efficacia ma ci permettono anche di cogliere le opportunità che emergono lungo il cammino.

CAPITOLO 4
ELIMINARE I PENSIERI NEGATIVI

Identificare i pattern di pensiero negativo è un passo fondamentale verso il miglioramento del benessere psicologico e la costruzione di una vita più felice e soddisfacente. I pensieri negativi, spesso automatici e radicati, possono influenzare profondamente le nostre emozioni, comportamenti e decisioni, conducendoci verso un ciclo di negatività. Diventare consapevoli di questi schemi mentali e imparare a sfidarli è cruciale per rompere il ciclo e aprire la strada a una maggiore positività e resilienza. Esaminiamo come possiamo identificare efficacemente questi pattern e prepararci a trasformarli.

I pensieri automatici negativi sono giudizi rapidi e spesso distorti che facciamo su noi stessi, gli altri e il mondo intorno a noi. Possono manifestarsi come previsioni pessimistiche, critiche interne o interpretazioni catastrofiche di eventi benigni. Diventare consapevoli di questi pensieri è il primo passo: ciò richiede pratica e attenzione, poiché spesso emergono e scompaiono rapidamente dalla nostra coscienza.

Le distorsioni cognitive sono modelli di pensiero irrazionali che distorcono la realtà, contribuendo a sentimenti di inadeguatezza e insoddisfazione. Alcuni esempi includono la generalizzazione eccessiva, il filtraggio negativo, la lettura della mente e il catastrofismo. Imparare a riconoscere queste distorsioni nei propri pensieri può aiutare a mettere in discussione la loro validità e a considerare interpretazioni alternative più equilibrate.

Tenere un diario dei pensieri può essere un metodo efficace per identificare pattern di pensiero negativo. Quando ti accorgi di sentirti giù, ansioso o arrabbiato, prenditi un momento per annotare cosa stavi pensando in quel momento. Con il tempo, potresti iniziare a notare temi ricorrenti o trigger specifici per i tuoi pensieri negativi.

Una volta identificati i pensieri negativi, chiediti quanto siano veritieri o utili. Considera se esistono prove che contraddicono questi pensieri e se ci sono modi alternativi di interpretare la situazione. Questo processo di sfida può aiutarti a ridimensionare i pensieri negativi e a sviluppare una prospettiva più equilibrata.

A volte, può essere difficile identificare e valutare i propri pensieri negativi in modo obiettivo. In questi casi, parlare con amici fidati, familiari o un terapeuta può offrire nuove prospettive e aiutarti a riconoscere i pattern di pensiero negativo che potresti non aver notato.

Tecniche per interrompere il ciclo dei pensieri negativi

Interrompere il ciclo dei pensieri negativi è una competenza fondamentale per migliorare il benessere emotivo e promuovere una visione più positiva della vita. I pensieri negativi, se lasciati incontrollati, possono creare un circolo vizioso che alimenta ulteriormente la stanchezza e negatività. Fortunatamente, esistono tecniche efficaci che possiamo utilizzare per spezzare questo ciclo e riorientare la nostra attenzione verso un modo di pensare più costruttivo e ottimistico. Esaminiamo alcune di queste strategie:

1. Riconoscimento e Accettazione: il primo passo per interrompere il ciclo dei pensieri negativi è riconoscerli non appena emergono. Questo richiede una costante auto-osservazione e consapevolezza. Invece di cercare di sopprimere questi pensieri o criticarti per averli, accettali come una parte naturale della tua esperienza umana. L'accettazione è spesso il primo passo verso il cambiamento.

2. Distrazione Consapevole: quando noti un flusso di pensieri negativi, prova a distrarti con un'attività che richieda la tua piena attenzione. Questo potrebbe essere qualcosa di semplice come risolvere un puzzle, disegnare, fare giardinaggio, o praticare uno sport. L'obiettivo è di interrompere temporaneamente il ciclo dei pensieri negativi, offrendoti una pausa per resettare la tua mente.

3. Sfida i Pensieri: una volta riconosciuti i pensieri negativi, mettili in discussione. Chiediti se sono realmente veri, se stai esagerando la situazione, o se ci sono prove che contraddicono il tuo pensiero. Questa tecnica, nota come sfida cognitiva, può aiutarti a vedere la situazione da una prospettiva più equilibrata e realistica.

4. *Sostituzione dei Pensieri:* dopo aver sfidato i pensieri negativi, prova a sostituirli con affermazioni positive o neutrali. Ad esempio, se ti trovi a pensare "Non riuscirò mai a fare questo", sostituisci il pensiero con "Questa è una sfida, ma posso lavorare per superarla". Questo processo di sostituzione aiuta a costruire un atteggiamento più positivo e resiliente.

5. *Pratica della Mindfulness:* la mindfulness può essere particolarmente utile per interrompere il ciclo dei pensieri

negativi. Attraverso la pratica della consapevolezza, impari a osservare i tuoi pensieri senza giudizio e senza lasciarti coinvolgere emotivamente. Questo ti permette di distaccarti dai pensieri negativi e di vedere con maggiore chiarezza.

6. *Esercizi di Respirazione e Rilassamento:* tecniche di respirazione profonda e rilassamento possono aiutare a calmare la mente e a ridurre la tensione fisica associata ai pensieri negativi. Pratiche come la respirazione diaframmatica o la scansione corporea progressiva possono essere strumenti efficaci per ristabilire un senso di calma interiore.

7. *Creazione di una "Zona Sicura" Mentale:* immagina un luogo che ti fa sentire sicuro, calmo e felice. Questo può essere un posto reale o immaginario. Quando i pensieri negativi diventano opprimenti, concediti mentalmente di rifugiarti in questa "zona sicura". Questa tecnica di visualizzazione può offrire un sollievo temporaneo dai pensieri negativi e contribuire a ristabilire un senso di pace.

Adottando e praticando regolarmente queste tecniche, puoi iniziare a ridurre l'impatto dei pensieri negativi sulla tua vita e aprire la strada a un'esistenza più felice e soddisfacente.

Esercizi di ristrutturazione cognitiva

La ristrutturazione cognitiva è una tecnica potente della terapia cognitivo-comportamentale che mira a identificare e modificare pensieri distorti, credenze irrazionali e atteggiamenti negativi. Questo processo non solo aiuta a combattere contro la negatività ma promuove anche una visione più positiva e realistica della vita. Attraverso l'esercizio di ristrutturazione cognitiva, possiamo imparare a sfidare i nostri schemi di pensiero negativo e sostituirli con altri più adattivi e costruttivi.

Il primo passo nella ristrutturazione cognitiva è diventare consapevoli dei propri pensieri automatici negativi. Questi pensieri spesso appaiono rapidamente e senza sforzo in risposta a specifici stimoli o situazioni. Utilizza un diario per annotare queste occasioni, descrivendo la situazione, i pensieri che sono emersi e le emozioni associate.

Una volta identificato un pensiero automatico negativo, mettilo alla prova esaminando le evidenze a favore e contro di esso. Chiediti: "Quali prove ho che sostengono questo pensiero? Esistono prove che lo contraddicono?" Questo processo ti aiuta a valutare la validità dei tuoi pensieri e a considerare interpretazioni alternative della situazione.

Dopo aver analizzato le evidenze, cerca di generare

interpretazioni alternative della situazione. Questo può includere chiedersi se ci sono altri modi di vedere le cose o se un amico potrebbe avere una prospettiva diversa. L'obiettivo è ampliare il tuo modo di pensare per includere possibilità più positive o neutre.

Identifica le distorsioni cognitive presenti nei tuoi pensieri, come il pensiero tutto o niente, la catastrofizzazione o la lettura della mente. Chiediti se stai cadendo in queste trappole di pensiero e cerca consapevolmente di sfidarle e riformularle in modi che riflettano più accuratamente la realtà.

Sostituisci i pensieri negativi sfidati con affermazioni positive e credibili. Queste affermazioni dovrebbero essere basate su fatti reali e riflettere una visione più equilibrata e ottimista di te stesso, degli altri e del mondo. Pratica queste affermazioni regolarmente per rafforzare il tuo nuovo modo di pensare.

Riconoscere e celebrare i progressi fatti nel cambiare i tuoi schemi di pensiero è fondamentale per mantenere la motivazione e consolidare le nuove abitudini mentali. Annota i successi nel tuo diario e rifletti su come il cambiamento nel pensiero ha influenzato il tuo benessere emotivo.

Pratica la visualizzazione positiva immaginando te stesso mentre gestisci con successo situazioni che in passato avrebbero scatenato pensieri negativi. Questo esercizio può aiutare a rinforzare ulteriormente la fiducia nelle tue capacità di affrontare le sfide in modo positivo.

La ristrutturazione cognitiva richiede pratica e pazienza, ma con il tempo può diventare una parte naturale del tuo processo di pensiero, portando a una riduzione significativa della negatività e a un aumento del benessere generale.

Pratiche di mindfulness per una mente positiva

Le pratiche di mindfulness, o di piena consapevolezza, costituiscono un approccio potente per coltivare una mente positiva e migliorare il benessere emotivo. La mindfulness ci insegna a vivere nel momento presente con accettazione e senza giudizio, permettendoci di osservare i nostri pensieri e sentimenti senza lasciarci sopraffare da essi. Attraverso la pratica regolare, possiamo sviluppare una maggiore consapevolezza di noi stessi e delle nostre reazioni, riducendo lo stress e promuovendo una visione più positiva della vita. Esaminiamo alcune pratiche di mindfulness che possono aiutare a rafforzare una mentalità positiva:

Meditazione Quotidiana: dedicare del tempo ogni giorno alla meditazione può avere effetti profondi sul benessere emotivo. Anche solo pochi minuti di meditazione possono aiutare a calmare la mente, ridurre lo stress e migliorare la concentrazione. Siediti in un luogo tranquillo, concentra l'attenzione sul respiro e osserva i pensieri che passano nella tua mente senza giudicarli o attaccarti a essi.

Esercizi di Respirazione: la respirazione consapevole è una componente fondamentale della mindfulness. Praticare esercizi di respirazione, come la respirazione profonda o la respirazione diaframmatica, può aiutare a centrare l'attenzione sul momento presente e a rilassare il corpo e la mente. Questi esercizi possono essere particolarmente utili nei momenti di stanchezza.

Mindful Eating: l'alimentazione consapevole incoraggia a concentrarsi pienamente sull'esperienza del mangiare, prestando attenzione ai sapori, agli odori e alle texture del cibo. Questa pratica può migliorare la digestione, ridurre il sovralimentazione e aumentare il piacere derivante dal cibo, promuovendo un rapporto più sano con l'alimentazione.

Passeggiate Consapevoli: camminare con mindfulness

significa prestare attenzione consapevole all'esperienza di camminare, osservando le sensazioni nel corpo, i suoni intorno a te e il movimento del respiro. Questa pratica può trasformare una semplice passeggiata in un'esperienza meditativa, offrendo l'opportunità di connettersi con il momento presente e con l'ambiente circostante.

Body Scan: la scansione corporea è un esercizio che coinvolge il passaggio dell'attenzione consapevole attraverso diverse parti del corpo, notando qualsiasi sensazione, tensione o rilassamento. Questo esercizio può aiutare a sviluppare una maggiore consapevolezza del corpo e a rilasciare lo stress fisico accumulato.

Pratica della Gentilezza Amorevole: la meditazione sulla gentilezza amorevole (metta) incoraggia a inviare pensieri di amore e benevolenza verso se stessi e gli altri. Questa pratica può aiutare a coltivare sentimenti di compassione, ridurre il giudizio interiore e migliorare le relazioni interpersonali.

Giornalismo Mindful: tenere un diario in cui si riflette consapevolmente sulle proprie esperienze quotidiane può aumentare la consapevolezza di sé e promuovere una prospettiva più positiva. Scrivere dei momenti di gratitudine, successi, sfide e pensieri può offrire preziose intuizioni sul proprio percorso di crescita personale.

Incorporando queste pratiche di mindfulness nella routine quotidiana, possiamo imparare a distaccarci dai pensieri e dalle emozioni negative, sviluppando una maggiore capacità di vivere con serenità e gioia.

Sviluppare un atteggiamento di gratitudine

Sviluppare un atteggiamento di gratitudine è un potente strumento per migliorare il benessere psicologico e promuovere una visione positiva della vita. La gratitudine ci aiuta a riconoscere e apprezzare il valore delle esperienze e delle relazioni che arricchiscono la nostra esistenza, contribuendo a una maggiore felicità e soddisfazione personale. Inoltre, la pratica della gratitudine può migliorare la salute fisica, rafforzare le relazioni sociali e aumentare la resilienza di fronte alle sfide della vita.

Esaminiamo come possiamo coltivare attivamente un atteggiamento di gratitudine e integrarlo nella nostra vita quotidiana. Abbiamo visto in diverse parti del libro come, sia tenere un *Diario di Gratitudine,* che la pratica della *Mindfulness* possono aiutare molto. Ma vediamo adesso altri comportamenti che ci possono aiutare:

1. _Riflessione Mattutina o Serale:_ inizia o termina la tua giornata con un momento di riflessione sulla gratitudine. Questo può includere la meditazione su ciò per cui sei grato o semplicemente dedicare alcuni momenti a pensare consapevolmente alle benedizioni nella tua vita. Questa pratica può impostare un tono positivo per il giorno o offrire una chiusura serena prima di andare a letto.

2. _Espressione della Gratitudine agli Altri_: condividere la tua gratitudine con gli altri non solo rafforza le relazioni ma amplifica anche i sentimenti di apprezzamento. Questo può essere fatto attraverso parole di ringraziamento, note scritte, o gesti di gentilezza. Riconoscere esplicitamente l'impatto positivo che gli altri hanno sulla tua vita può creare connessioni più profonde e significative.

3. _Sfida di Gratitudine_: impegnati in una sfida di gratitudine, stabilendo l'obiettivo di identificare qualcosa di nuovo per cui essere grato ogni giorno per un periodo di tempo, come un mese. Questo esercizio può aiutarti a sviluppare l'abitudine di cercare e riconoscere gli aspetti positivi della vita, anche nei momenti difficili.

<u>*6. Meditazione sulla Gentilezza Amorevole*</u>: la meditazione sulla gentilezza amorevole (metta) incoraggia a inviare pensieri di amore e benevolenza verso se stessi e gli altri. Integrare la gratitudine in questa pratica può approfondire i sentimenti di apprezzamento e connessione con l'umanità.

7. Per ultimo ricordiamo, come già visto in precedenza, che la gratitudine non significa ignorare le difficoltà o i problemi. Al contrario, <u>*riconoscere le sfide e riflettere*</u> su come hanno contribuito alla tua crescita personale può essere un potente esercizio di gratitudine, aiutandoti a vedere il valore in tutte le esperienze della vita.

Infine, coltivare un atteggiamento di gratitudine può trasformare la nostra esperienza quotidiana, portando maggiore gioia, serenità e un senso di abbondanza nella nostra vita.

CAPITOLO 5
IL'IMPORTANZA DELL'AMORE PER SÉ

L'amore per sé rappresenta un aspetto fondamentale del benessere psicologico e della crescita personale. Si tratta di un atteggiamento di accettazione e apprezzamento verso sé stessi che comprende il riconoscimento delle proprie necessità, desideri e benessere. L'amore per sé non si limita alla semplice autostima o alla fiducia in sé stessi, ma abbraccia una più profonda compassione e cura verso la propria persona, influenzando positivamente ogni aspetto della vita.

L'amore per sé si manifesta attraverso l'accettazione incondizionata di sé stessi, includendo i propri limiti, errori e imperfezioni. È la capacità di trattare sé stessi con gentilezza, comprensione e compassione, specialmente nei momenti di fallimento o di difficoltà. Questo concetto implica anche il riconoscimento delle proprie esigenze e la volontà di soddisfarle, stabilendo confini sani nelle relazioni e prendendosi cura del proprio benessere fisico, emotivo e spirituale.

L'amore per sé è strettamente legato alla salute mentale. Nutrire un atteggiamento positivo verso sé stessi può ridurre significativamente l'incidenza di negatività. La pratica dell'amore per sé promuove una resilienza interiore che aiuta ad affrontare le sfide e gli stress della vita con maggiore equilibrio.

L'*amore per sé* influisce direttamente sulla qualità delle nostre relazioni. Quando ci amiamo e ci rispettiamo, siamo più propensi a stabilire legami sani e reciprocamente soddisfacenti. L'autostima e il rispetto di sé fungono da modello per come gli altri ci trattano, promuovendo relazioni basate sul rispetto e sull'equilibrio.

Avere un forte senso di *amore per sé* migliora la capacità di prendere decisioni allineate ai propri valori e bisogni. Questo perché si è meno inclini a cercare approvazione esterna o a compiacere gli altri a scapito del proprio benessere.

L'*amore per sé* è il fondamento su cui costruire la crescita personale. Riconoscere il proprio valore intrinseco incoraggia a perseguire obiettivi significativi, esplorare nuovi interessi e accettare le sfide come opportunità di apprendimento.

L'*amore per sé* implica anche prendersi cura del proprio corpo, ascoltando le sue esigenze e nutrendolo adeguatamente, esercitandosi regolarmente e riposando quando necessario.

Questo approccio olistico al benessere contribuisce a una maggiore vitalità e energia.

L'*amore per sé* si pratica attraverso azioni quotidiane e atteggiamenti mentali che riconoscono e valorizzano il proprio benessere. Questo include pratiche come l'autocompassione, la gratitudine verso sé stessi, l'impostazione di obiettivi personali e il mantenimento di uno stile di vita sano.

In sintesi, l'*amore per sé* è un viaggio continuo verso l'accettazione di sé e la realizzazione personale. È fondamentale per vivere una vita piena e soddisfacente, influenzando positivamente la salute mentale, le relazioni interpersonali e la capacità di navigare le sfide della vita.

Pratiche quotidiane per nutrire l'amore per sé

L'amore per sé è un elemento essenziale per una vita equilibrata e felice, ma spesso può essere difficile da coltivare a causa di fattori esterni e della nostra critica interiore. Tuttavia, integrando pratiche quotidiane intenzionali, possiamo nutrire e rafforzare l'amore per noi stessi, migliorando la nostra autostima e benessere generale. Queste pratiche non richiedono grandi sforzi o cambiamenti radicali nello stile di vita, ma piuttosto piccoli passi costanti che possono portare a grandi trasformazioni.

Inizia ogni giorno con un momento di *autocompassione*. Ricordati che sei umano, soggetto a errori e imperfezioni, proprio come chiunque altro. Quando ti trovi di fronte a fallimenti o delusioni, tratta te stesso con la stessa gentilezza e comprensione che offriresti a un caro amico.

Ogni mattina, dedica qualche momento a *impostare intenzioni positive* per la giornata. Questo potrebbe essere qualcosa di semplice come "Oggi mi tratterò con gentilezza" o "Oggi sceglierò di concentrarmi sui miei successi anziché sui miei fallimenti". Le intenzioni positive possono fungere da promemoria per mantenere un atteggiamento amorevole verso sé stessi.

Dedicare tempo alla cura personale è un atto di amore verso sé stessi. *Crea una routine quotidiana* che includa attività che ti fanno sentire bene, sia che si tratti di fare esercizio fisico, cucinare un pasto nutriente, praticare hobby creativi, o semplicemente concederti un bagno rilassante. Queste attività non solo migliorano il tuo umore ma rafforzano anche il legame con te stesso.

Stabilire confini sani è una parte cruciale dell'amore per sé. *Impara a dire no* a richieste o impegni che drenano la tua energia o che non rispecchiano i tuoi valori e bisogni. Dire no quando necessario ti permette di rispettare te stesso e il tuo tempo, liberando spazio per ciò che veramente conta per te.

Riconosci e celebra i tuoi successi, grandi e piccoli. Dedicare tempo per apprezzare i propri sforzi e risultati può rafforzare l'autostima e promuovere un senso di orgoglio e realizzazione.

Trascorrere tempo nella natura può avere un profondo effetto rilassante e rigenerante. Che si tratti di una passeggiata nel parco, di giardinaggio, o semplicemente di ammirare il panorama da una finestra, ricollegarsi con la natura ricorda la bellezza e la pace che possono essere trovate nel mondo esterno e dentro di noi.

Incorporando queste pratiche nella tua vita quotidiana, puoi iniziare a costruire e mantenere un forte senso di amore per te stesso, che serve come fondamento per una vita piena e soddisfacente.

Esercizi per costruire l'autostima

L'autostima è la percezione che abbiamo di noi stessi e del nostro valore. Costruire un'alta autostima non significa nutrire un ego smisurato o ignorare le proprie aree di miglioramento; piuttosto, si tratta di riconoscere il proprio valore intrinseco e trattarsi con rispetto e gentilezza, indipendentemente dalle circostanze esterne. Un'alta autostima è fondamentale per la nostra salute mentale, le relazioni interpersonali e la capacità di affrontare le sfide della vita.

L'uso di affermazioni positive può essere un potente strumento per rafforzare l'autostima. Scegli affermazioni che risuonino con te e che riflettano gli aspetti di te stesso che desideri valorizzare o sviluppare. Ripeti queste affermazioni a te stesso ogni giorno, preferibilmente davanti a uno specchio, per rafforzare il tuo senso di valore personale.

Impostare e raggiungere obiettivi SMART può aumentare la fiducia in sé stessi. Concentrati su piccoli obiettivi inizialmente, celebrando ogni successo lungo il cammino. Questo processo rinforza la convinzione nelle proprie capacità e nel proprio valore.

Invece di paragonarti negativamente agli altri, cerca

ispirazione nelle storie di successo altrui e utilizzale come motivazione per il tuo sviluppo personale. Ricorda che ogni persona è unica, e ciò che conta è il tuo percorso individuale di crescita e apprendimento.

Dedica tempo regolarmente alla riflessione su di te e sulle tue esperienze. Chiediti cosa hai imparato, come sei cresciuto e come queste esperienze hanno contribuito al tuo senso di autostima. L'auto-riflessione aiuta a riconoscere e valorizzare il proprio percorso di crescita personale.

Anche se l'autostima va ben oltre l'aspetto fisico, prendersi cura del proprio corpo può avere un impatto positivo su come ci percepiamo. Attività come l'esercizio fisico, una nutrizione equilibrata e un'adeguata igiene personale possono migliorare il benessere fisico e, di conseguenza, rafforzare l'autostima.

Infine, mettiti alla prova intraprendendo attività che ti spingono leggermente oltre la tua zona di comfort. Superare questi piccoli ostacoli può aumentare la fiducia nelle proprie capacità e rafforzare il senso di autostima.

Attraverso la pratica regolare di questi esercizi, puoi costruire e mantenere un'alta autostima che ti sosterrà nelle varie sfide della vita.

Superare le critiche interne con l'auto-compassione

L'auto-compassione è una qualità fondamentale che ci permette di affrontare e superare le critiche interne, quelle voci interne spesso dure e giudicanti che possono minare l'autostima e il benessere psicologico. L'auto-compassione implica trattare sé stessi con la stessa gentilezza, cura e comprensione che riserveremmo a un buon amico. Questo approccio non solo riduce il dolore emotivo associato all'autocritica ma promuove anche una maggiore resilienza di fronte agli insuccessi e agli errori.

Il primo passo per superare l'autocritica è riconoscerla. Spesso, le nostre critiche interne operano su un livello subconscio, influenzando i nostri pensieri e comportamenti senza che ce ne rendiamo conto. Prenditi un momento per ascoltare le tue voci interne e nota quelle che sono particolarmente dure o giudicanti.

È importante distinguere tra autocritica e auto-osservazione. L'auto-osservazione è un esame neutro dei propri comportamenti e risultati, mentre l'autocritica spesso include giudizi negativi e generalizzazioni. Riconosci quando stai semplicemente osservando un fatto e quando invece stai aggiungendo un giudizio negativo.

Quando noti pensieri autocritici, rispondi con gentilezza. Chiediti cosa diresti a un amico che sta vivendo la stessa situazione. Spesso, siamo molto più compassionevoli con gli altri che con noi stessi. Prova a rivolgere quella stessa compassione ed empatia verso te stesso.

L'auto-compassione include il riconoscimento che l'errore e la sofferenza sono parti dell'esperienza umana condivisa. Ricorda a te stesso che non sei solo nei tuoi sentimenti di inadeguatezza o fallimento; tutti affrontano questi stessi problemi in qualche momento della loro vita.

Non dimenticarti della mindfulness, o la consapevolezza del momento presente, è un componente chiave dell'auto-compassione. Ti permette di notare i tuoi pensieri e sentimenti senza giudizio e senza identificarti completamente con essi. Pratica la mindfulness per osservare le tue critiche interne da una prospettiva più distaccata.

Quando affronti sfide o fallimenti, usa l'autocompassione

come strumento per la resilienza. Invece di batterti per gli errori, riconosci che l'apprendimento e la crescita spesso derivano da queste esperienze. Trattati con cura e comprensione, e permettiti di andare avanti con maggiore saggezza.

Scrivere lettere di compassione a te stesso può essere un modo potente per praticare l'auto-compassione. Scrivi una lettera come se stessi parlando a un caro amico che sta vivendo una situazione difficile. Questo ti aiuterà a interiorizzare un dialogo interno più amorevole e supportivo.

Ricorda a te stesso il tuo valore intrinseco, indipendentemente dai successi esterni o dai fallimenti. Riconosci le tue qualità positive e i tuoi punti di forza, celebrando la persona unica che sei.

L'auto-compassione non solo fornisce uno scudo contro l'autocritica ma apre anche la strada a una maggiore accettazione di sé e alla crescita personale.

CAPITOLO 6
COLTIVARE LA GIOIA QUOTIDIANA

Definire la gioia personale è un'esplorazione intima e profondamente personale che varia significativamente da individuo a individuo. La gioia non deriva solo dalle grandi realizzazioni o eventi di vita, ma spesso si trova nelle piccole esperienze quotidiane, nei momenti di connessione con gli altri, e nelle attività che risuonano con i nostri valori più profondi e passioni. Identificare ciò che personalmente ci porta gioia è essenziale per vivere una vita piena e soddisfacente.

Inizia osservando i momenti in cui ti senti veramente felice, soddisfatto o in pace. Questi momenti possono essere tanto semplici quanto una tazza di caffè al mattino o una passeggiata al tramonto. Notare quando e dove emergono questi sentimenti può aiutarti a identificare le fonti della tua gioia personale.

Rifletti sulle attività che ti fanno sentire vivo e entusiasta. Questo potrebbe includere hobby, interessi, o anche compiti quotidiani che trovi particolarmente gratificanti. Comprendere quali attività ti portano gioia può guidarti nella creazione di una vita che riflette i tuoi veri desideri.

Spesso, il nostro corpo e le nostre emozioni ci danno segnali su ciò che ci rende veramente felici. Presta attenzione a come ti senti durante diverse attività o situazioni; la gioia tende a manifestarsi attraverso sensazioni di leggerezza, energia e un senso di flusso.

I nostri valori fondamentali sono profondamente intrecciati con ciò che ci rende felici. Identificare e vivere in allineamento con i tuoi valori personali può portare a una profonda sensazione di gioia e realizzazione. Considera quali valori sono più importanti per te e come puoi onorarli nella tua vita quotidiana.

La gioia spesso si trova nell'esplorazione di nuove esperienze. Dedicare tempo a sperimentare nuove attività, viaggiare in luoghi sconosciuti o imparare nuove competenze può aprire la porta a fonti inaspettate di gioia. Mantieni una mentalità aperta e curiosa.

Le relazioni significative sono una fonte fondamentale di gioia per molte persone. Valuta il tempo trascorso con familiari, amici e comunità che ti supportano e ispirano. Le connessioni autentiche possono arricchire la tua vita e amplificare i sentimenti di gioia.

Circondati di ambienti che riflettono e ispirano gioia. Questo può significare personalizzare il tuo spazio di vita o di lavoro con oggetti che evocano felicità, creare un angolo per le tue attività preferite o semplicemente assicurarti che il tuo ambiente sia ordinato e accogliente.

La gratitudine amplifica la gioia. Prenditi il tempo per riconoscere e apprezzare le cose belle della tua vita, sia le grandi benedizioni sia i piccoli piaceri. La pratica quotidiana della gratitudine può trasformare la tua percezione della vita, evidenziando la bellezza e la gioia che ti circondano.

Definire la gioia personale e integrarla nella tua vita richiede un'attenta auto-riflessione e un impegno consapevole a perseguire ciò che ti rende felice.

Attività che incrementano la gioia

Identificare e dedicarsi a attività che incrementano la gioia è una componente chiave per nutrire una vita soddisfacente e felice. Mentre la gioia può variare ampiamente tra individui, esistono attività universali conosciute per il loro potenziale di elevare l'umore e migliorare il benessere generale. Integrare queste attività nella tua routine quotidiana può non solo arricchire i tuoi giorni ma anche aiutarti a costruire una resilienza emotiva più forte. Esploriamo alcune attività che possono incrementare significativamente la gioia nella tua vita:

1. Connessione con la Natura: trascorrere tempo all'aperto e immergersi nella natura ha dimostrato di ridurre lo stress, migliorare l'umore e aumentare la felicità. Che si tratti di una passeggiata nel parco locale, un'escursione in montagna o semplicemente il tempo trascorso in un giardino, la connessione con l'ambiente naturale può offrire una profonda sensazione di pace e contentezza.

2. Esercizio Fisico Regolare: l'attività fisica è un potente elevatore dell'umore, grazie alla sua capacità di rilasciare endorfine, spesso chiamate "ormoni della felicità". Trovare una forma di esercizio che ti piace, che sia danza, yoga, nuoto o ciclismo, può fornire non solo benefici per la salute fisica ma anche un incremento significativo della gioia.

3. Hobby e Interessi Creativi: dedicarsi a hobby e interessi creativi, come la pittura, la scrittura, il giardinaggio o la musica, può essere incredibilmente gratificante. Queste attività non solo forniscono un senso di realizzazione ma anche un'opportunità per l'espressione personale e la scoperta.

4. _Volontariato e Altruismo:_ aiutare gli altri e contribuire a una causa più grande di sé stessi può portare una profonda sensazione di soddisfazione e gioia. Il volontariato offre un senso di appartenenza e scopo, rafforzando i legami comunitari e migliorando il benessere emotivo.

5. _Meditazione e Mindfulness:_ pratiche come la meditazione e la mindfulness aiutano a coltivare una presenza mentale e una pace interiore, riducendo lo stress e promuovendo una maggiore felicità. Dedicare tempo ogni giorno a queste pratiche può aiutare a mantenere una prospettiva positiva nella vita.

6. _Connessioni Sociali:_ costruire e mantenere relazioni significative è fondamentale per la nostra felicità. Passare tempo di qualità con amici e familiari, condividere esperienze e supportarsi a vicenda, contribuisce a un senso di appartenenza e gioia.

7. _Apprendimento Continuo:_ l'apprendimento di nuove abilità o la scoperta di nuove conoscenze può essere incredibilmente gratificante e stimolante. Che si tratti di iscriversi a un corso online, leggere libri su argomenti di interesse o partecipare a workshop, l'apprendimento continuo

mantiene la mente attiva e curiosa.

8. *Pratica della Gratitudine:* dedicare tempo a riflettere su ciò per cui si è grati nella vita può trasformare la percezione delle nostre circostanze, evidenziando gli aspetti positivi e aumentando la sensazione complessiva di gioia.

Incorporando queste attività nella tua vita, puoi creare una routine quotidiana che non solo incrementa la tua gioia ma anche migliora la tua salute fisica e mentale. Mentre esplori e sperimenti con queste attività, potrai scoprire quali di esse risuonano di più con te e con il tuo percorso unico verso la felicità.

Esercizi per mantenere una prospettiva positiva

Mantenere una prospettiva positiva non significa ignorare le difficoltà o fingere che tutto vada sempre bene. Piuttosto, significa scegliere di concentrarsi sulle potenzialità positive della vita, cercando attivamente momenti di gioia e apprezzamento anche nei periodi difficili. Questa abilità può essere coltivata e rafforzata attraverso esercizi mirati che aiutano a bilanciare la nostra visione del mondo, promuovendo resilienza e benessere emotivo.

Una delle pratiche più efficaci per coltivare una prospettiva positiva è tenere un diario della gratitudine. Ogni giorno, scrivi almeno tre cose per cui sei grato. Questo esercizio aiuta a spostare la tua attenzione dalle preoccupazioni e dalle difficoltà verso gli aspetti positivi della tua vita, incrementando la tua sensazione generale di felicità e contentezza.

Dedicare tempo alla visualizzazione positiva può avere un impatto significativo sul tuo umore e sul tuo approccio alla vita. Ogni giorno, trascorri alcuni minuti immaginando in dettaglio un esito positivo per i tuoi obiettivi o situazioni che ti preoccupano. Questo esercizio può aumentare la tua fiducia e motivazione, promuovendo un atteggiamento più ottimistico.

Le affermazioni positive sono dichiarazioni potenti che possono aiutare a ristrutturare i pensieri negativi e a costruire autostima. Scegli o crea affermazioni che risuonino con i tuoi valori e obiettivi, e ripetile a te stesso regolarmente. Questo può rafforzare la tua convinzione nelle tue capacità e nel tuo potenziale positivo.

Circondarsi di persone che supportano e ispirano può avere un impatto profondo sul tuo stato d'animo e sulla tua visione della vita. Cercare attivamente interazioni positive e supportare a tua volta gli altri può rafforzare i sentimenti di connessione e appartenenza, elementi fondamentali per una prospettiva positiva.

Mentre è importante essere informati, l'eccessiva esposizione a notizie negative può influenzare negativamente il tuo umore e la tua visione del mondo. Stabilire limiti sull'assorbimento di media negativi e cercare attivamente storie ispiratrici o edificanti può aiutare a mantenere una prospettiva equilibrata.

Essere aperti al cambiamento e sviluppare la capacità di adattarsi alle nuove situazioni può aiutare a mantenere una prospettiva positiva. Vedi i cambiamenti come opportunità per imparare e crescere, anziché come minacce, può trasformare la tua esperienza delle sfide della vita.

Per ultimi ma non perché non sono importanti ma solo perché già trattati diverse volte nel libro, esercizi di Mindfulness e riconoscimento dei successi.

Attraverso la pratica regolare di questi esercizi, puoi costruire e mantenere una prospettiva più positiva che non solo migliora il tuo benessere personale ma anche arricchisce la tua interazione con il mondo circostante.

L'importanza di momenti di gioia nella routine quotidiana

Incorporare momenti di gioia nella routine quotidiana è essenziale per nutrire il benessere emotivo e migliorare la qualità della vita. Questi momenti, sia grandi che piccoli, possono agire come una boccata d'aria fresca in una giornata altrimenti monotona o stressante, ricordandoci il valore e la bellezza dell'esistenza. La ricerca della gioia non è un lusso, ma una componente critica del vivere una vita equilibrata e soddisfacente.

I momenti di gioia agiscono come pilastri di supporto nei periodi difficili, offrendo pause di leggerezza e felicità che possono aiutare a mitigare gli effetti della stanchezza e altri fattori negativi. Questi momenti positivi alimentano la resilienza, permettendoci di affrontare meglio le sfide future.

La gioia e la felicità sono collegate a benefici tangibili per la salute, inclusi una maggiore longevità, riduzione del rischio di malattie cardiache, e miglioramento del sistema immunitario. Ridere e sorridere, ad esempio, possono ridurre il livello di ormoni dello stress nel corpo e promuovere il rilassamento.

Condividere momenti di gioia con gli altri può rafforzare i

legami e migliorare la qualità delle relazioni interpersonali. La felicità è contagiosa; promuovere la gioia nella propria vita può avere un impatto positivo sul benessere di coloro che ci circondano.

Integrare momenti di gioia nella routine quotidiana può migliorare la concentrazione, la motivazione e la capacità di risolvere problemi. La felicità stimola la creatività, permettendoci di vedere le situazioni da prospettive nuove e innovative.

Celebrare i momenti di gioia quotidiana ci insegna a apprezzare le piccole cose della vita, coltivando un senso di gratitudine. Questo atteggiamento di apprezzamento può trasformare la nostra visione del mondo, portandoci a valorizzare maggiormente ciò che abbiamo.

Come Integrare la Gioia nella Routine Quotidiana

Inizia la Giornata con Intenzione: dedica i primi momenti della tua giornata a un'attività che ti rende felice, come scrivere, fare esercizio, o semplicemente goderti una tazza di caffè in tranquillità.

Personalizza il Tuo Spazio: Circondati di oggetti che evocano felicità e ispirazione nel tuo ambiente di vita e di lavoro. Questo può includere foto, opere d'arte, piante o qualsiasi cosa che sollevi il tuo spirito.

Pausa per la Gioia: Programma brevi pause durante il giorno per dedicarti a piccole attività che ti portano gioia, come ascoltare la tua canzone preferita, fare una breve passeggiata, o leggere.

Condividi la Felicità: Trascorri tempo di qualità con amici e familiari, condividendo esperienze che portano gioia. Questo potrebbe includere giochi, pasti insieme o semplicemente conversazioni significative.

Riflessione Serale: Concludi la giornata riflettendo sui momenti di gioia che hai sperimentato, rafforzando la consapevolezza e l'apprezzamento per le esperienze positive.

Incorporando consapevolmente la gioia nella nostra routine quotidiana, possiamo non solo migliorare il nostro benessere personale ma anche influenzare positivamente il mondo che ci circonda.

CAPITOLO 7
POTENZIARE L'INTELLIGENZA EMOTIVA

'intelligenza emotiva (IE) è la capacità di riconoscere, comprendere, gestire e utilizzare efficacemente le proprie emozioni e quelle degli altri in modo costruttivo. Questa abilità influisce profondamente sulla nostra capacità di affrontare lo stress, prendere decisioni, lavorare in team, comunicare efficacemente e mantenere relazioni sane. L'IE si basa su *cinque elementi chiave* che, insieme, formano una base solida per la comprensione e l'applicazione pratica dell'intelligenza emotiva nella vita quotidiana. Esploriamo questi elementi fondamentali.

L'*autocoscienza* è la capacità di riconoscere e comprendere le proprie emozioni, motivazioni e desideri. Include la consapevolezza di come le proprie emozioni influenzano i pensieri e i comportamenti, e come queste possono avere un impatto sulle persone intorno a noi. L'autocoscienza permette di identificare le proprie forze e debolezze emotive, fornendo la base per la crescita personale e lo sviluppo.

L'*autoregolazione* si riferisce alla capacità di gestire,

controllare e adattare le proprie emozioni in risposta a diverse situazioni o stimoli. Questo include la capacità di calmarsi durante momenti di stress o turbamento, ritardare la gratificazione, e resistere agli impulsi distruttivi. L'autoregolazione consente di pensare prima di agire e mantenere uno stato di equilibrio emotivo.

La *motivazione intrinseca* è il desiderio di perseguire obiettivi per ragioni interne piuttosto che per ricompense esterne. Le persone con alta IE tendono ad essere guidate da una passione per il loro lavoro o da un impegno per i loro valori personali, che li motiva a superare ostacoli e sfide. Questa componente dell'IE è strettamente legata alla resilienza e alla determinazione.

L'*empatia* è la capacità di comprendere e condividere i sentimenti degli altri. Si tratta di mettersi nei panni dell'altro e di percepire il mondo dal loro punto di vista. L'empatia non significa solo riconoscere le emozioni altrui ma anche rispondere a queste in modo appropriato. L'empatia è fondamentale per costruire e mantenere relazioni solide e per la comunicazione efficace.

Le *abilità sociali* comprendono una vasta gamma di

competenze necessarie per interagire e comunicare efficacemente con gli altri. Questo include la capacità di stabilire e mantenere relazioni, lavorare in squadra, influenzare e ispirare gli altri, gestire i conflitti e negoziare soluzioni win-win. Le persone con elevate abilità sociali sono spesso considerate leader naturali grazie alla loro capacità di connettersi con gli altri su un piano emotivo.

Sviluppare l'intelligenza emotiva non solo migliora la nostra vita personale e professionale ma arricchisce anche la qualità delle nostre relazioni. Lavorare sui cinque elementi fondamentali dell'IE ci permette di navigare meglio nel complesso mondo delle emozioni, sia nostre che degli altri, e di vivere una vita più piena e soddisfacente.

Migliorare l'empatia e la comprensione emotiva

Migliorare l'empatia e la comprensione emotiva è fondamentale per approfondire le relazioni interpersonali, migliorare la comunicazione e promuovere un ambiente di sostegno e comprensione reciproca. L'empatia, la capacità di percepire e condividere i sentimenti di un'altra persona, è un aspetto cruciale dell'intelligenza emotiva che ci consente di connetterci con gli altri su un livello profondo. La comprensione emotiva va oltre il semplice riconoscimento delle emozioni altrui; implica anche interpretare correttamente queste emozioni e rispondere in modo appropriato.

L'ascolto attivo è il fondamento dell'empatia e della comprensione emotiva. Si tratta di ascoltare con l'intento di comprendere veramente, piuttosto che semplicemente aspettare il proprio turno per parlare. Questo include mantenere il contatto visivo, annuire, fare domande per chiarimenti e riflettere ciò che l'altra persona ha detto per dimostrare che stai prestando attenzione.

Cercare attivamente di vedere le situazioni dal punto di vista dell'altra persona può migliorare notevolmente la tua capacità empatica. Questo esercizio richiede di mettere da parte i propri pregiudizi e considerazioni per entrare nel mondo emotivo dell'altro, comprendendo le loro motivazioni e sentimenti.

Molto della comunicazione emotiva avviene attraverso segnali non verbali, come espressioni facciali, linguaggio del corpo e tono della voce. Migliorare la capacità di leggere questi segnali può aiutare a comprendere meglio gli stati emotivi degli altri, anche quando non vengono espressi verbalmente.

Approccia le interazioni con gli altri con una mente aperta e curiosa, evitando di saltare a conclusioni o giudizi precipitosi. Fare domande aperte che incoraggiano la condivisione e l'espressione può rivelare profondi strati di sentimenti ed esperienze, migliorando la comprensione e l'empatia.

Migliorare la propria intelligenza emotiva attraverso la consapevolezza e la regolazione delle proprie emozioni può migliorare la capacità di connettersi con gli altri. Riconoscere e gestire le proprie reazioni emotive consente di rispondere agli altri in modo più calmo e compassionevole.

Dedicare tempo alla riflessione personale sulle proprie esperienze emotive e su come queste influenzano le interazioni con gli altri può offrire preziose intuizioni. Considera come le tue emozioni influenzano il tuo comportamento e cerca di identificare aree di miglioramento nella tua capacità di empatizzare.

L'esposizione a persone con esperienze di vita diverse dalla tua può ampliare la tua comprensione emotiva e la tua capacità di empatizzare. Questo può includere leggere libri, guardare film o partecipare ad eventi che esplorano diverse prospettive culturali ed esperienze personali.

Chiedere feedback sulle proprie capacità di empatia e comprensione emotiva da amici fidati, familiari o colleghi può offrire una prospettiva esterna sulle aree di forza e su quelle che necessitano di miglioramento.

Migliorare l'empatia e la comprensione emotiva richiede pratica e dedizione, ma i benefici per le relazioni personali e professionali sono immensi.

Tecniche per la gestione delle emozioni

La gestione delle emozioni è un aspetto fondamentale dell'intelligenza emotiva che ci permette di navigare efficacemente nelle complessità della vita quotidiana, migliorando il nostro benessere e le nostre relazioni. Essere in grado di riconoscere, comprendere e regolare le proprie emozioni, così come quelle degli altri, è cruciale per vivere una vita equilibrata e soddisfacente.

Il primo passo nella gestione delle emozioni è riconoscerle. Spesso, le emozioni possono essere complesse e sfuggenti, ma imparare a identificarle e nominarle può fornire una maggiore chiarezza e controllo. Questo processo inizia con l'osservazione delle proprie reazioni fisiche e comportamentali a diverse situazioni e l'associazione di queste reazioni con specifiche emozioni.

L'accettazione delle proprie emozioni, senza giudizio, è un passo importante nella gestione emotiva. Riconoscere che è normale provare un'ampia gamma di emozioni, anche quelle scomode o negative, può ridurre la negatività e la resistenza interiore, creando uno spazio per elaborare e capire meglio le proprie esperienze emotive.

Le tecniche di respirazione profonda e di rilassamento possono essere strumenti efficaci per calmare la mente e il corpo, specialmente in situazioni di stress o sovraccarico emotivo. Pratiche come la respirazione diaframmatica, la meditazione mindfulness, o la scansione corporea possono aiutare a ridurre la tensione e a ristabilire l'equilibrio emotivo.

A volte, distogliere temporaneamente l'attenzione da emozioni intense può essere utile per prevenire una reazione eccessiva. Attività come fare una passeggiata, leggere un libro, o dedicarsi a un hobby possono servire come distrazioni salutari, offrendo il tempo di raffreddare le emozioni prima di affrontarle direttamente.

Trovare modi sani ed efficaci per esprimere le emozioni è cruciale. Questo può includere parlare con un amico fidato, scrivere in un diario, o praticare forme di espressione creativa come l'arte o la musica. Esprimere le proprie emozioni in modo costruttivo può facilitare l'elaborazione e la risoluzione.

La ristrutturazione cognitiva coinvolge il cambiamento di pattern di pensiero negativi o distorsivi che possono influenzare le emozioni. Sfidare questi pensieri e sostituirli con interpretazioni più equilibrate e realistiche può aiutare a modificare la risposta emotiva alle situazioni.

Quando le emozioni sono legate a specifici problemi o sfide, adottare un approccio attivo alla soluzione dei problemi può essere utile. Identificare la fonte dell'emozione, esplorare possibili soluzioni, e sviluppare un piano d'azione può ridurre lo stress e promuovere sentimenti di competenza e controllo.

L'auto-compassione implica trattare se stessi con gentilezza e comprensione nei momenti di fallimento o difficoltà. Ricordare che l'errore e la sofferenza sono parte dell'esperienza umana può aiutare a mantenere una prospettiva equilibrata e a gestire le emozioni con maggiore gentilezza verso sé stessi.

Implementando queste tecniche nella gestione quotidiana delle emozioni, possiamo non solo affrontare meglio le sfide emotive ma anche costruire relazioni più ricche e significative.

Esercizi per l'intelligenza emotiva nelle relazioni

L'intelligenza emotiva nelle relazioni è cruciale per costruire legami forti, comunicare efficacemente e navigare nei conflitti in modo costruttivo. Sia nelle relazioni personali che professionali, l'abilità di comprendere e gestire le emozioni proprie e altrui può portare a interazioni più soddisfacenti e significative. Di seguito, esploriamo esercizi specifici che possono migliorare l'intelligenza emotiva nelle relazioni:

1. *Ascolto Empatico:*

L'ascolto empatico va oltre l'ascolto attivo, richiedendo di immergersi veramente nei sentimenti e nelle esperienze dell'altro senza giudizio. Pratica l'ascolto empatico ponendo domande che approfondiscono la comprensione, riflettendo sui sentimenti espressi e offrendo feedback che dimostra empatia e comprensione. Questo tipo di ascolto può creare uno spazio sicuro per la condivisione e rafforzare la connessione emotiva.

2. *Espressione Autentica:*

L'espressione autentica delle proprie emozioni è fondamentale per relazioni sincere e aperte. Esercitati a comunicare i tuoi sentimenti in modo chiaro e rispettoso, utilizzando affermazioni in prima persona che riflettono la tua esperienza interna senza incolpare o attaccare l'altro. Questo promuove l'onestà e la vulnerabilità, componenti chiave di relazioni profonde e significative.

3. *Gestione dei Conflitti con Intelligenza Emotiva:*

I conflitti sono inevitabili, ma possono essere gestiti in modo che rafforzino piuttosto che danneggino le relazioni. Quando affronti un conflitto, cerca di riconoscere le emozioni coinvolte, sia tue che dell'altro. Approccia la situazione con l'intento di trovare una soluzione win-win, esplorando i bisogni e i desideri sottostanti di entrambe le parti. Pratica la calma e la chiarezza, evitando di reagire impulsivamente alle emozioni intense.

4. *Riflessione Condivisa:*

Dedicare tempo regolarmente per riflettere sullo stato della relazione può migliorare la connessione emotiva. Questo può includere la discussione su ciò che funziona bene, le aree di crescita e i desideri o bisogni non soddisfatti. La riflessione condivisa richiede onestà, apertura e vulnerabilità, e può fornire opportunità per la crescita reciproca.

5. _Riconoscimento e Apprezzamento:_

Esprimere regolarmente riconoscimento e apprezzamento per l'altro può rafforzare il legame emotivo e mostrare che i contributi e le qualità dell'altro sono visti e valorizzati. Cerca opportunità quotidiane per mostrare gratitudine e apprezzamento, anche per le piccole cose.

6. _Pratica della Flessibilità Emotiva:_

La flessibilità emotiva, o la capacità di adattare le proprie emozioni in base alla situazione, è vitale nelle relazioni. Questo include essere aperti a cambiare la propria prospettiva, mostrare comprensione per i punti di vista degli altri e adattare le proprie risposte emotive in modo appropriato. La flessibilità promuove l'armonia e la comprensione reciproca.

7. Sviluppo della Pazienza e della Tolleranza:

La pazienza e la tolleranza verso le imperfezioni altrui, così come verso le proprie, sono essenziali per relazioni durature.

Pratica la pazienza ricordando a te stesso che tutti sono in un viaggio di crescita personale e che l'empatia e la comprensione possono superare molti ostacoli.

Migliorando l'intelligenza emotiva nelle relazioni attraverso questi esercizi, possiamo creare legami più profondi, navigare efficacemente nei conflitti e costruire una comprensione reciproca.

Applicare l'intelligenza emotiva al lavoro e nella vita personale

Applicare l'intelligenza emotiva (IE) sia nel contesto lavorativo che nella vita personale può portare a miglioramenti significativi nel modo in cui interagiamo con gli altri, gestiamo lo stress e affrontiamo le sfide. L'intelligenza emotiva ci fornisce gli strumenti per comprendere e regolare le nostre emozioni, oltre a riconoscere e influenzare positivamente quelle degli altri. Di seguito, esploriamo come possiamo applicare l'IE per arricchire la nostra vita professionale e personale.

Nel Lavoro

Per i leader, l'intelligenza emotiva è fondamentale per motivare i team, gestire i conflitti e ispirare fiducia. Mostrare empatia, comprendere le esigenze e i sentimenti dei collaboratori e comunicare in modo efficace può creare un ambiente di lavoro più positivo e produttivo.

Utilizzare le competenze di IE per riconoscere i segnali di stress in sé stessi e negli altri permette di intervenire in modo proattivo per ridurre la pressione. Tecniche di respirazione, mindfulness e una pausa consapevole possono essere strumenti efficaci per mantenere la calma e la lucidità anche sotto pressione.

La capacità di comunicare in modo chiaro ed empatico, ascoltando attivamente e rispondendo in modo appropriato, è fondamentale in ogni ambiente lavorativo. L'IE aiuta a navigare nelle conversazioni difficili, esprimere idee in modo costruttivo e risolvere i malintesi con diplomazia.

L'intelligenza emotiva facilita la costruzione di relazioni solide e di fiducia con colleghi, clienti e partner. Essere consapevoli delle proprie emozioni e di quelle altrui può aiutare a creare connessioni autentiche e durature.

Nella Vita Personale:

Applicare l'IE nelle relazioni personali significa comunicare apertamente i propri sentimenti, ascoltare con empatia e gestire i conflitti in modo maturo. Questo approccio promuove la comprensione reciproca, rafforza i legami e aumenta la soddisfazione relazionale.

Imparare a gestire le proprie emozioni, soprattutto in situazioni stressanti o emotivamente cariche, può migliorare significativamente la qualità della vita. L'IE offre strategie per calmarsi, mantenere la prospettiva e reagire in modo più riflessivo anziché impulsivo.

L'intelligenza emotiva ci insegna l'importanza dell'empatia e della compassione non solo verso gli altri ma anche verso noi stessi. Praticare l'auto-compassione e mostrare comprensione e sostegno agli altri può arricchire le nostre vite e quelle delle persone intorno a noi.

L'IE può influenzare positivamente il processo decisionale, permettendoci di considerare non solo la logica ma anche le emozioni coinvolte. Questo approccio equilibrato può portare a decisioni più consapevoli e soddisfacenti.

L'intelligenza emotiva è una risorsa preziosa per il proprio sviluppo personale. Essa incoraggia la riflessione, l'apprendimento continuo e la crescita emotiva, contribuendo a una maggiore autorealizzazione e felicità.

Integrare l'intelligenza emotiva nella nostra vita lavorativa e personale non solo migliora le nostre capacità di interazione e gestione delle emozioni ma arricchisce anche tutti gli aspetti della nostra esistenza.

CAPITOLO 8
ESERCIZI E TECNICHE PER LA CRESCITA PERSONALE

Stabilire obiettivi personali chiari è un passo fondamentale per il successo e la realizzazione personale. Gli obiettivi forniscono direzione, motivazione e un punto di riferimento per valutare i progressi. Tuttavia, l'arte di stabilire obiettivi efficaci va oltre la semplice enumerazione di desideri o aspirazioni; richiede riflessione, specificità e un impegno verso l'azione. Di seguito, esploriamo come stabilire obiettivi personali chiari che possano guidare verso il successo e la soddisfazione personale.

Il processo di stabilire obiettivi inizia con una profonda auto-riflessione. Considera ciò che è veramente importante per te, quali sono i tuoi valori fondamentali e cosa desideri veramente ottenere nella tua vita. Questa fase di introspezione aiuta a garantire che gli obiettivi siano allineati con il tuo sé autentico e con ciò che ti renderà veramente felice e soddisfatto.

Invece di obiettivi vaghi come "voglio essere felice" o "voglio avere successo", definisci esattamente cosa significhino questi termini per te. Ad esempio, "voglio completare un corso di certificazione in data science entro sei mesi" o "voglio dedicare almeno due ore a settimana al volontariato nella mia comunità locale".

Per poter valutare i progressi, gli obiettivi devono essere misurabili. Stabilisci criteri chiari per il successo, che ti permettano di monitorare i tuoi avanzamenti e di sapere quando hai effettivamente raggiunto l'obiettivo.

Mentre è importante essere ambiziosi, gli obiettivi dovrebbero anche essere realistici e raggiungibili. Stabilire obiettivi troppo elevati può portare a frustrazione e scoraggiamento. Valuta le tue risorse, tempo e capacità attuali per stabilire obiettivi che siano sfidanti ma fattibili.

Assegna una scadenza specifica ai tuoi obiettivi. Avere una timeline chiara aiuta a mantenere la concentrazione e a promuovere un senso di urgenza che può stimolare l'azione. La tempistica dovrebbe essere flessibile abbastanza da adattarsi a imprevisti, ma abbastanza definita da prevenire la procrastinazione.

Per ogni obiettivo, sviluppa un piano d'azione dettagliato che elenchi i passi specifici necessari per raggiungerlo. Questo piano può includere risorse necessarie, potenziali ostacoli e strategie per superarli, e milestone intermedi per celebrare i progressi lungo il percorso.

Monitorare regolarmente i tuoi progressi verso gli obiettivi è cruciale. Questo non solo ti mantiene responsabile ma ti permette anche di fare aggiustamenti al tuo piano d'azione se necessario. Sii disposto a rivedere e adattare i tuoi obiettivi in base ai cambiamenti nelle tue circostanze o priorità.

Riconoscere e celebrare ogni successo lungo il percorso è fondamentale. Questo rafforza la motivazione e ti ricorda di apprezzare il viaggio, non solo la destinazione.

Stabilire obiettivi personali chiari è un processo dinamico che richiede costante attenzione e dedizione. Man mano che raggiungi i tuoi obiettivi, prenditi il tempo per riflettere sui tuoi successi e sulle lezioni apprese, e utilizza queste intuizioni per guidare la definizione di nuovi obiettivi. Integrando questa pratica nella tua vita, puoi creare un percorso intenzionale verso la crescita personale e il successo. tutte le aree della tua vita.

Mantenere la motivazione nel tempo

Mantenere la motivazione nel tempo è una sfida che tutti affrontiamo, specialmente quando ci impegniamo in un percorso di crescita personale e professionale a lungo termine. La motivazione può fluttuare a causa di vari fattori, inclusi ostacoli, fallimenti, o semplicemente la routine quotidiana. Tuttavia, esistono strategie efficaci per alimentare la motivazione e assicurare che rimanga forte nel corso del tempo, permettendoci di perseguire con determinazione i nostri obiettivi.

La motivazione è alimentata da obiettivi che sono sia chiari che significativi per l'individuo. Gli obiettivi dovrebbero risuonare con i tuoi valori e aspirazioni più profondi, offrendoti una ragione convincente per perseguirli. Quando gli obiettivi sono ben definiti e allineati con ciò che è veramente importante per te, mantenere la motivazione diventa più facile.

Gli obiettivi a lungo termine possono sembrare schiaccianti. Suddividerli in compiti più piccoli e gestibili può rendere il processo meno intimidatorio e fornire opportunità regolari per celebrare piccoli successi. Questa tattica non solo mantiene alta la motivazione ma aiuta anche a monitorare i progressi.

Adottare una mentalità di crescita, che vede le sfide e gli

errori come opportunità per imparare e crescere, è fondamentale per mantenere la motivazione. Questo approccio incoraggia la resilienza di fronte agli ostacoli e mantiene alta la motivazione, anche quando le cose non vanno come previsto.

Le routine e le abitudini quotidiane possono sostenere la motivazione, specialmente quando l'entusiasmo iniziale per un nuovo obiettivo inizia a svanire. Sviluppare abitudini che allineano le azioni quotidiane con i tuoi obiettivi a lungo termine può aiutarti a mantenere il corso anche quando la motivazione fluttua.

Il supporto di amici, familiari o mentori può essere incredibilmente motivante. Condividere i tuoi obiettivi con altri non solo ti rende più responsabile ma ti fornisce anche una rete di supporto per i momenti difficili. Il feedback e l'incoraggiamento degli altri possono rinvigorire la tua determinazione.

Riconoscere e celebrare i successi, grandi e piccoli, è vitale per mantenere la motivazione. Questi momenti di celebrazione rafforzano il senso di realizzazione e ricordano perché hai intrapreso questo viaggio di crescita personale in primo luogo.

Prendersi cura del proprio benessere fisico e mentale è essenziale per mantenere la motivazione. Lo stress eccessivo, la stanchezza e il burnout possono erodere la tua determinazione. Pratiche come la meditazione, l'esercizio fisico e il tempo dedicato agli hobby possono aiutare a gestire lo stress e a ricaricare le energie.

Essere aperti a adattare i tuoi obiettivi e piani in risposta a nuove informazioni o cambiamenti nelle circostanze può aiutare a mantenere la motivazione. La flessibilità ti permette di rimanere impegnato nei tuoi obiettivi, anche quando il percorso per raggiungerli deve cambiare.

Mantenere la motivazione nel tempo richiede impegno, ma applicando queste strategie, puoi alimentare la tua determinazione e perseguire i tuoi obiettivi con rinnovato vigore.

Costruire un piano di crescita personale sostenibile

Costruire un piano di crescita personale sostenibile è un passo fondamentale per chiunque desideri migliorare sé stesso e la propria vita in modo continuativo. Un tale piano non solo guida attraverso gli obiettivi e le aspirazioni ma assicura anche

che il percorso verso il raggiungimento di questi sia realistico, equilibrato e adattabile alle inevitabili variazioni della vita. Di seguito, esploriamo come creare un piano di crescita personale che possa essere sostenuto nel lungo termine.

1. *Valutazione Onesta del Sé:*

Inizia con una valutazione onesta e approfondita delle tue forze, debolezze, valori e aree di interesse. Comprendere chi sei e cosa ti motiva è cruciale per stabilire obiettivi di crescita personali che siano sia significativi che realizzabili.

2. *Definizione di Obiettivi Specifici:*

Sulla base della tua auto-valutazione, definisci obiettivi specifici che vuoi raggiungere. Questi dovrebbero riflettere non solo le tue aspirazioni ma anche i tuoi valori fondamentali, assicurando che il percorso di crescita sia in linea con ciò che è più importante per te.

3. *Priorità degli Obiettivi:*

Data l'ampia gamma di potenziali aree di crescita, è vitale prioritizzare gli obiettivi. Considera quali obiettivi hanno la maggiore urgenza o possono avere l'impatto più significativo sulla tua vita. Questo aiuterà a concentrare le tue energie in modo più efficace.

4. *Stabilire Piani d'Azione Dettagliati:*

Per ogni obiettivo, sviluppa un piano d'azione dettagliato che includa step specifici, risorse necessarie, possibili ostacoli e strategie per superarli. Avere un piano chiaro rende più probabile che tu rimanga in pista e raggiunga i tuoi obiettivi.

5. *Integrazione nella Routine Quotidiana:*

Per assicurare la sostenibilità del tuo piano di crescita personale, cerca modi per integrare le azioni e le abitudini necessarie nella tua routine quotidiana. Questo può includere la definizione di orari specifici per dedicarsi all'apprendimento, alla riflessione o all'esercizio fisico.

6. *Monitoraggio e Valutazione Regolari:*

Imposta regolari checkpoint per valutare i tuoi progressi verso gli obiettivi. Questo non solo ti permette di celebrare i successi ma anche di ricalibrare il tuo approccio se le cose non stanno procedendo come previsto.

7. *Flessibilità e Adattabilità:*

Essere flessibili e pronti ad adattare il tuo piano di crescita personale è essenziale. La vita può cambiare in modi inaspettati, e la capacità di modificare i tuoi obiettivi o metodi in risposta a nuove informazioni o circostanze è cruciale per mantenere il percorso sostenibile.

8. *Cerca Supporto e Feedback:*

Non sottovalutare l'importanza del supporto di amici, familiari o mentor. Condividere i tuoi obiettivi e i tuoi progressi può fornire un ulteriore strato di responsabilità e motivazione, oltre a offrire preziose prospettive esterne.

9. *Bilanciare Crescita e Benessere:*

Assicurati che il tuo piano di crescita personale tenga conto del tuo benessere generale. Includi obiettivi ed esercizi che promuovano la tua salute fisica, mentale ed emotiva, assicurando che la tua ricerca della crescita non comprometta la tua salute generale.

10. *Celebrare e Riflettere:*

Infine, prenditi il tempo per celebrare i tuoi successi e riflettere sul tuo viaggio di crescita personale. Questi momenti di riflessione possono offrire intuizioni preziose e rinnovare la tua motivazione per continuare il percorso di auto-miglioramento.

Costruire un piano di crescita personale sostenibile richiede tempo, pensiero e dedizione. Tuttavia, seguendo questi passi, puoi creare un percorso che non solo ti guida verso il raggiungimento dei tuoi obiettivi ma che è anche adattabile e gentile con il tuo benessere complessivo. Questo approccio equilibrato e sostenibile è fondamentale per realizzare un vero cambiamento e per vivere una vita piena e soddisfacente.

CAPITOLO 9
VIVERE CON AMORE E GIOIA

La Psicologia Positiva è un ramo della psicologia che si concentra sull'esplorazione degli aspetti positivi dell'esistenza umana, mirando a comprendere e promuovere fattori che consentono agli individui e alle comunità di prosperare. Questo approccio contrasta con la tendenza storica della psicologia di focalizzarsi principalmente sul trattamento delle malattie mentali, offrendo una prospettiva più olistica e bilanciata sul benessere psicologico.

La Psicologia Positiva esamina le fonti della felicità e del benessere, identificando fattori come relazioni positive, senso di scopo, coinvolgimento nelle attività, realizzazione di obiettivi e la capacità di affrontare le sfide. Promuove l'idea che la felicità deriva da una combinazione di piacere, impegno e significato nella vita.

Uno dei pilastri della Psicologia Positiva è l'identificazione e la coltivazione delle forze di carattere e delle virtù personali, come la curiosità, la gratitudine, l'ottimismo, la resilienza e la gentilezza. Questo approccio incoraggia gli individui a sfruttare i loro punti di forza unici per superare le sfide e migliorare la loro qualità di vita.

Il concetto di "flusso", introdotto da Mihaly Csikszentmihalyi, descrive uno stato di coinvolgimento totale in un'attività che è tanto sfidante quanto gratificante. Gli individui sperimentano il flusso quando le loro abilità sono perfettamente allineate con le sfide che affrontano, portando a un senso di realizzazione e soddisfazione.

La Psicologia Positiva sottolinea l'importanza dell'ottimismo e della resilienza come fattori chiave per la gestione dello stress e la superazione delle avversità. Insegnare alle persone a adottare una prospettiva più positiva e a recuperare dalle difficoltà può migliorare significativamente il loro benessere emotivo e psicologico.

Le relazioni positive sono considerate uno degli aspetti più importanti del benessere umano. La Psicologia Positiva esplora come costruire e mantenere relazioni soddisfacenti, sottolineando l'importanza dell'empatia, dell'ascolto attivo e del supporto reciproco.

La pratica della gratitudine, il riconoscimento e l'apprezzamento per gli aspetti positivi della vita, è un altro concetto centrale. Gli esercizi di gratitudine possono aumentare la felicità, ridurre la depressione e rafforzare le relazioni.

La ricerca di significato e scopo nella vita è fondamentale per la realizzazione personale. La Psicologia Positiva incoraggia gli individui a esplorare ciò che li rende veramente soddisfatti e a impegnarsi in attività che riflettono i loro valori più profondi.

Invece di concentrarsi solo sugli aspetti negativi del trauma, la Psicologia Positiva esamina anche il potenziale per la crescita personale e lo sviluppo positivo che può seguire le esperienze avverse, promuovendo una visione più equilibrata della resilienza umana.

Il concetto di "felicità autentica" va oltre la semplice assenza di disagio, enfatizzando una vita vissuta in accordo con i propri valori, forze e passioni. La Psicologia Positiva cerca di aiutare le persone a scoprire e coltivare queste fonti di gioia duratura.

La Psicologia Positiva offre strumenti e strategie basati sull'evidenza per migliorare la felicità, il benessere e la resilienza. Integrando questi approcci nella vita quotidiana, gli individui possono costruire una base solida per una vita ricca di soddisfazioni e significato. Proseguendo, è possibile esplorare come creare un ambiente supportivo per sé e per gli altri, amplificando ulteriormente gli effetti positivi di questi principi nella nostra vita e nelle comunità in cui viviamo.

Creare un ambiente supportivo per sé e per gli altri

Creare un ambiente supportivo sia per sé stessi che per gli altri è essenziale per promuovere il benessere, la crescita personale e il senso di comunità. Un ambiente positivo e incoraggiante può significativamente aumentare la nostra capacità di affrontare le sfide, perseguire i nostri obiettivi e vivere una vita più appagante.

La positività attira positività. Incoraggiare un atteggiamento positivo verso la vita, concentrarsi sui lati positivi e mantenere una prospettiva ottimistica può influenzare enormemente l'atmosfera di qualsiasi ambiente. Questo non significa ignorare le difficoltà, ma piuttosto affrontarle con speranza e resilienza, creando uno spazio in cui le persone si sentono ispirate a superare gli ostacoli.

Un ambiente supportivo è caratterizzato da accettazione e comprensione. Mostrare accettazione verso sé stessi e gli altri, riconoscendo che ognuno è a un punto diverso del proprio viaggio, può promuovere una cultura di tolleranza e empatia. Questo include l'accettazione delle differenze individuali, delle imperfezioni e il riconoscimento dei contributi unici di ciascuno.

L'ascolto attivo è fondamentale per costruire relazioni di supporto. Creare spazi in cui le persone si sentono ascoltate e comprese, senza giudizio, incoraggia la condivisione aperta e onesta. Ciò non solo aiuta nel superamento delle sfide personali ma rafforza anche i legami tra individui, creando una forte sensazione di comunità.

Il feedback costruttivo è essenziale per la crescita personale e lo sviluppo. Incoraggiare un ambiente in cui il feedback viene dato e ricevuto in modo aperto e non critico può aiutare tutti a imparare, crescere e migliorare. Questo approccio promuove un'atmosfera di miglioramento continuo, dove gli errori sono visti come opportunità di apprendimento.

Promuovere pratiche di autocura e benessere all'interno della comunità aiuta a creare un ambiente in cui la salute mentale e fisica è prioritaria. Ciò può includere incoraggiare una buona igiene del sonno, l'attività fisica, la meditazione o altre pratiche di rilassamento, e il tempo dedicato agli hobby e agli interessi personali.

Un ambiente supportivo prospera sulla collaborazione e sul supporto reciproco. Incoraggiare le persone a lavorare insieme verso obiettivi comuni, aiutarsi a vicenda nei momenti di bisogno e celebrare i successi condivisi può rafforzare il senso di appartenenza e aumentare la motivazione collettiva.

Riconoscere e celebrare i successi, grandi e piccoli, è fondamentale per mantenere un alto morale e incoraggiare la perseveranza. Questo può avvenire attraverso riconoscimenti formali, ma anche attraverso semplici gesti quotidiani di apprezzamento che fanno sentire le persone viste e valorizzate.

Un ambiente veramente supportivo non solo accoglie le persone dove si trovano, ma le incoraggia anche a crescere e a svilupparsi. Offrire risorse, opportunità di apprendimento e sfide che stimolano la crescita personale e professionale può aiutare le persone a realizzare il loro pieno potenziale.

Creare un ambiente supportivo richiede impegno, consapevolezza e una dedizione costante al benessere collettivo. Facendo di questi principi una priorità sia nelle nostre vite personali che professionali, possiamo costruire comunità resilienti, positive e motivate, dove ogni individuo ha la possibilità di prosperare.

Mantenere un impegno verso la crescita continua piena

Mantenere un impegno verso la crescita continua è fondamentale per il benessere personale e il successo nella vita. Questo impegno richiede dedizione, pazienza e la volontà di affrontare le sfide con una mentalità aperta e flessibile. La crescita continua non riguarda solo il raggiungimento di obiettivi specifici, ma piuttosto un viaggio costante di auto-miglioramento e apprendimento che arricchisce ogni aspetto della nostra vita. Ecco come possiamo nutrire questo impegno:

1. *Adottare una Mentalità di Crescita:*

Riconoscere che le abilità e l'intelligenza possono essere sviluppate con sforzo e perseveranza. Accettare che il fallimento e gli errori sono parte integrante del processo di apprendimento e servono come opportunità per crescere.

2. *Impostare Obiettivi Realistici e Raggiungibili:*

Definire obiettivi chiari e misurabili che siano allineati con i tuoi valori e interessi personali. Gli obiettivi dovrebbero sfidarti ma rimanere realistici per mantenere la motivazione alta.

3. *Riflettere Regolarmente sui Progressi e gli Insegnamenti:*

Dedicare del tempo per riflettere su ciò che hai imparato, i progressi che hai fatto e gli ostacoli che hai superato. Questa riflessione può offrire intuizioni preziose e rafforzare il tuo impegno per la crescita.

4. *Ricerca di Feedback e Consigli:*

Essere aperti al feedback costruttivo da parte di colleghi, mentori o amici può fornire nuove prospettive e idee per la crescita personale. Il feedback è un dono che può illuminare aree di miglioramento spesso trascurate.

5. *Circondarsi di Persone che Incoraggiano la Crescita:*

Cerca la compagnia di individui che condividono il tuo impegno per la crescita personale. Avere una comunità di supporto può offrire incoraggiamento, ispirazione e una spinta quando più ne hai bisogno.

6. *Impegnarsi nell'Apprendimento Continuo:*

L'apprendimento non si ferma mai. Che si tratti di leggere libri, partecipare a workshop, corsi online o semplicemente esplorare nuovi hobby, l'apprendimento continuo mantiene la mente agile e aperta a nuove idee e competenze.

7. _Mantenere la Salute Fisica e Mentale:_

Un corpo sano e una mente serena sono fondamentali per la crescita personale. Pratiche come l'esercizio fisico regolare, una dieta equilibrata, meditazione e tecniche di rilassamento possono migliorare la capacità di affrontare lo stress e i momenti di sfida.

8. _Essere Pazienti e Gentili con sé Stessi:_

Riconoscere che la crescita richiede tempo e che possono esserci periodi di stagnazione o apparenti regressioni. Trattati con gentilezza e comprensione, ricordando che ogni piccolo passo è parte del viaggio.

9. _Celebrare Ogni Successo:_

Riconoscere e celebrare i successi, grandi o piccoli, rafforza la motivazione e riconosce il duro lavoro e la dedizione. Questi momenti di celebrazione sono essenziali per mantenere vivo l'impegno verso la crescita personale.

10. _Essere Flessibili e Aperti al Cambiamento:_

La vita può portare cambiamenti inaspettati che richiedono adattamenti nei nostri piani e obiettivi. Mantenere una mente flessibile e aperta al cambiamento può aiutare a navigare questi momenti con grazia e a trovare nuove opportunità di crescita.

Attraverso queste pratiche, possiamo mantenere vivo l'impegno verso una crescita continua, arricchendo la nostra vita e quelle degli altri.

Risorse e prossimi passi nel percorso della Psicologia Positiva

La Psicologia Positiva, con il suo focus sulle potenzialità umane, il benessere, la felicità e le virtù, offre un vasto panorama di risorse e opportunità per chiunque sia interessato a esplorare e applicare i suoi principi nella vita quotidiana. Mentre procediamo verso il termine di questo viaggio attraverso il libro, è essenziale considerare quali risorse e prossimi passi possiamo intraprendere per approfondire la nostra comprensione e pratica della Psicologia Positiva. Di seguito, esploriamo alcune di queste risorse e suggeriamo modi per continuare il percorso di crescita personale e benessere.

Esistono innumerevoli libri, sia accademici che divulgativi, dedicati ai vari aspetti della Psicologia Positiva. Opere di autori come Martin Seligman, Mihaly Csikszentmihalyi e Barbara Fredrickson offrono approfondimenti fondamentali sui concetti chiave e sulle applicazioni pratiche della disciplina. Immergersi in questa letteratura può fornire una solida base teorica e ispirare nuove pratiche quotidiane.

Numerosi istituti e università offrono corsi e workshop sulla Psicologia Positiva, sia online che in presenza. Questi programmi possono variare da introduzioni di base a studi più approfonditi e sono un eccellente modo per apprendere direttamente da esperti nel campo, nonché per connettersi con una comunità di persone con interessi simili.

Con l'avanzamento della tecnologia, sono state sviluppate molte app e strumenti digitali progettati per promuovere il benessere e la crescita personale secondo i principi della Psicologia Positiva. Questi strumenti possono includere tracker dell'umore, diari di gratitudine digitali, app per la meditazione e molto altro.

Unirsi a gruppi di supporto o comunità online dedicati alla Psicologia Positiva può offrire una fonte di ispirazione, supporto e scambio di esperienze. Questi spazi consentono di condividere successi e sfide, ottenere consigli e sentirsi parte di un movimento più ampio verso il benessere collettivo.

Forse il più importante tra i prossimi passi è l'impegno a integrare i principi della Psicologia Positiva nella propria vita quotidiana. Questo può significare adottare pratiche regolari di gratitudine, mindfulness, impostazione di obiettivi positivi, coltivazione di relazioni significative e ricerca di momenti di flusso nelle attività quotidiane.

La Psicologia Positiva non riguarda solo il miglioramento personale, ma anche il contributo al benessere degli altri. Cercare opportunità di volontariato, iniziative comunitarie o semplicemente atti di gentilezza casuale possono amplificare gli effetti positivi della Psicologia Positiva, creando onde di positività che si ripercuotono nella comunità.

Concludendo questo libro, è importante riconoscere che il percorso della Psicologia Positiva è tanto personale quanto universale. Ogni individuo può trovare nel suo cuore e nella sua mente risorse infinite per la crescita e il benessere, ma è insieme, supportandoci a vicenda, che possiamo veramente prosperare.

Desidero esprimere la mia profonda gratitudine a voi, lettori, per aver intrapreso questo viaggio con me. Grazie per la vostra apertura, la vostra curiosità e il vostro impegno a esplorare le profondità della Psicologia Positiva. Spero che questo libro abbia offerto non solo conoscenza, ma anche ispirazione e strumenti pratici per vivere una vita più piena e soddisfacente.

Continuiamo insieme questo viaggio, ricordando che ogni giorno offre nuove opportunità per crescere, amare e trovare gioia nelle piccole cose. Grazie per aver condiviso questo percorso con me.

Se pensi che questo libro ti sia piaciuto

e ti abbia aiutato ti chiedo solo

di dedicare pochi secondi a lasciare

una breve recensione su Amazon!

Grazie,

Isabella Ferrante